JN231455

最初からそう教えて
くれればいいのに！

ウイズダム法律事務所
弁護士
弁理士 石川正樹 著

貸した
お金が返って
こない！

どうしたら
いい？

民事執行法の
ツボとコツが
ゼッタイにわかる本

秀和システム

はじめに

　本書は、民事執行法の入門書です。

　民法や会社法などに比べ民事執行法という法律はみなさんになじみのない法律かもしれません。そもそも民事執行法がどんなことを規定しているかも知らない方が多いのではないかと思います。

　民法は市民の生活の様々な場面を規定し、民事訴訟法は民事裁判のルールを規定し、民事執行法は債務者が任意に履行しない場合に強制的に権利を実現する手続を規定しています。

　お金の貸し借りは民法が規定し、お金を返してくれない場合の裁判は民事訴訟法が規定し、判決が下されたのにまだお金を返してくれない場合に強制的に権利を実現する手続を民事執行法は規定しています。

　債務者が任意に債務を履行しない場合に強制的に権利を実現するには、文化的で秩序ある国家ではそれ相当のルールが必要です。そのルールを定めている法律が民事執行法であり、権利を実現するという "締め" の部分を担う役割があります。

　民事執行法はその目次を見ればわかるようにきれいな体系を形成しています。

　民事執行法を勉強していて今何を学んでいるのかということを見失ったときにはこの目次に立ち返ることをお勧めします。

　「民法のツボとコツがゼッタイにわかる本」、「民事訴訟法のツボとコツがゼッタイにわかる本」と同様に、本書でも、

①**基本用語の意味**
②**基本的な条文の理解**
③**基本的な手続の流れ**

を重視しました。

　民事執行法の勉強をされる方のお役に立てることができれば幸いです。

　本書に掲載した条文は執筆時のものです。条文は改正される場合がありますのでご注意ください。

石川　正樹

民事執行法は権利を実現する手続に関する法律

権利を実現する方法を見てみよう

　民事執行は、義務者が任意に義務を履行しないときに権利者が国家機関（執行機関）を利用して権利の実現を図る制度です。

　民事執行法1条は、強制執行、担保権の実行としての競売、民法、商法その他の法律の規定による換価のための競売、債務者の財産の開示を民事執行と定義しています。

　民事執行法は、民法などの実体法で認められている権利を義務者が任意に履行しない場合に権利者が執行機関を利用して権利を実現する手続を定めている法律なのです。

●実体法で認められている金銭の支払いを目的とする債権や金銭の支払いを目的としない請求権を実現する手続➡強制執行

　実体法で認められている権利の中には、債権と担保物権があります。

　債権は、金銭の支払いを目的とする債権と金銭の支払いを目的としない債権に分けられますが、これらの権利を実現する手続が**強制執行**です。

　まず、金銭の支払いを目的とする債権を実現するための強制執行は、債務者の財産に着目して、債務者の不動産に対する強制執行である**不動産執行**（不動産執行には**強制競売**と**強制管理**があります）、債務者の船舶に対する強制執行である**船舶執行**、債務者の動産に対する強制執行である**動産執行**、債務者の債権に対する強制執行である**債権執行**、債務者の**その他の財産権に対する強制執行**があります。

　金銭の支払いを目的としない債権を実現する手続は、債権の内容に応じて手続が規定されています。

　すなわち、不動産の引渡し・明渡しについては直接強制又は間接強制、動産の引渡しについては直接強制又は間接強制、目的物を第三者が占有する場合の引渡しについては債権執行に類似する執行又は間接強制、債務者の作為又は不作為を目的とする債務で代替的なものについては代替執行又は間接強制、債務者の作為又は不作為を目的とする債務で不代替的なものについては間接強制、債務者が意思表示をす

べきことを債務の内容とするものについては意思表示の擬制が認められています。

　直接強制は、国家機関の権力で債務者の意思にかかわらず債権の内容を実現することです。不動産の引渡しならば、債務者の占有を排除して占有を債権者に移転することです。**間接強制**は、債務者に一定の金額の支払いを命じて債務者を心理的に圧迫して債務の給付の実現を図る制度です。**代替執行**は、債権者に給付を実現する権限を与えて、それに要する費用を債務者に負担させるという制度です。

▼金銭の支払を目的とする債権

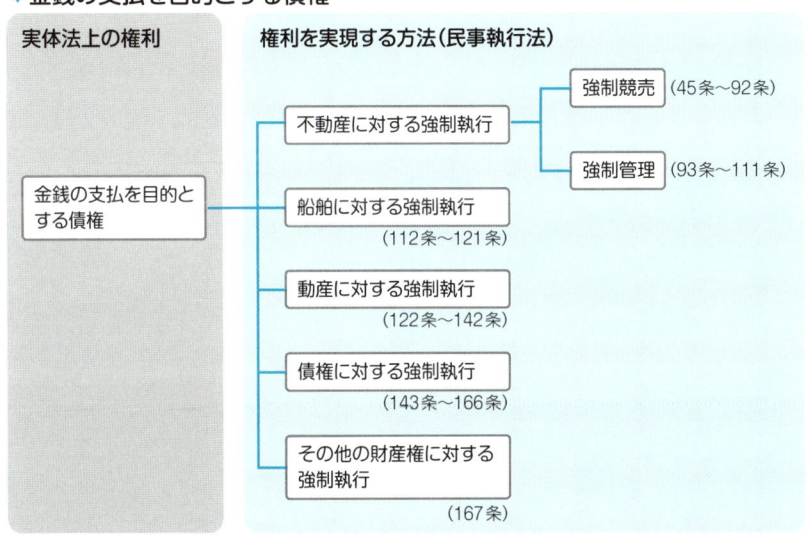

※上記条文は民事執行法

▼金銭の支払を目的としない請求権

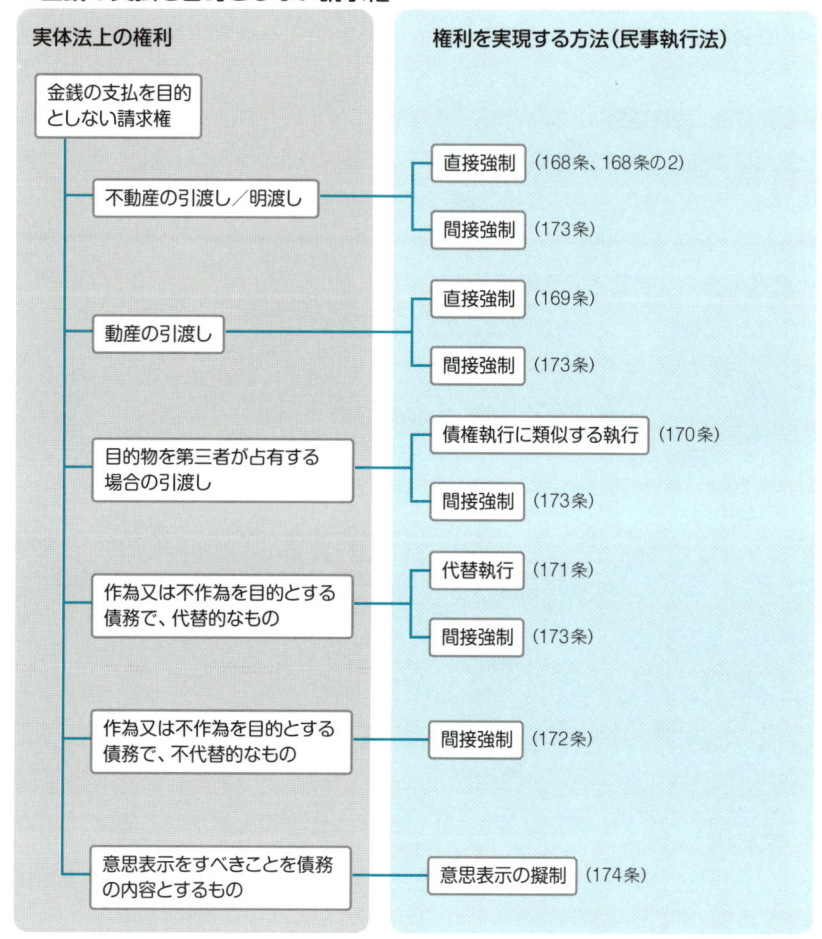

実体法上の権利

- 金銭の支払を目的
  としない請求権
  - 不動産の引渡し／明渡し
  - 動産の引渡し
  - 目的物を第三者が占有する
    場合の引渡し
  - 作為又は不作為を目的とする
    債務で、代替的なもの
  - 作為又は不作為を目的とする
    債務で、不代替的なもの
  - 意思表示をすべきことを債務
    の内容とするもの

権利を実現する方法（民事執行法）

- 直接強制　（168条、168条の2）
- 間接強制　（173条）
- 直接強制　（169条）
- 間接強制　（173条）
- 債権執行に類似する執行　（170条）
- 間接強制　（173条）
- 代替執行　（171条）
- 間接強制　（173条）
- 間接強制　（172条）
- 意思表示の擬制　（174条）

※上記条文は民事執行法

● 担保物権の実現

担保物権は被担保債権を担保するものですが、担保物権の実現手続は担保権の目的物によって手続が分かれています。

すなわち、不動産を目的とする担保権（これを**不動産担保権**といいます）の実現には、担保不動産競売と担保不動産収益執行があります。その他、船舶を目的とする担保権の実行、動産を目的とする担保権の実行、債権その他の財産権を目的とする担保権の実行、物上代位があります。

▼ 担保物権

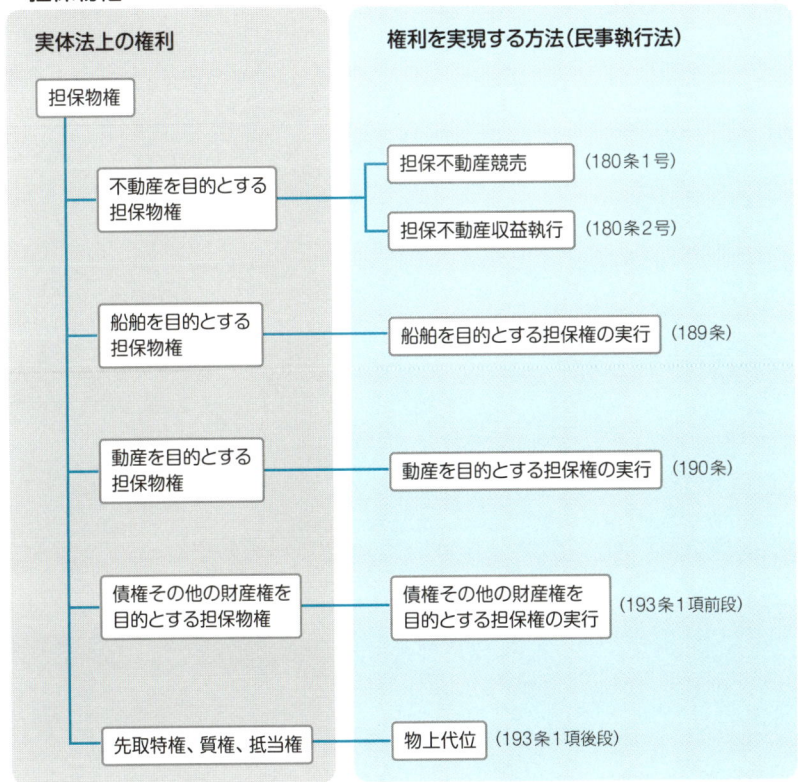

※上記条文は民事執行法

●民法、商法その他の法律の規定による換価

例えば共有物を分割するために換価する必要がある場合には、換価のための競売（形式的競売）が認められています。

▼民法、商法その他の法律の規定による換価

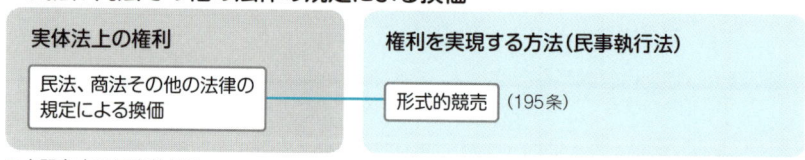

実体法上の権利	権利を実現する方法（民事執行法）
民法、商法その他の法律の規定による換価	形式的競売 （195条）

※上記条文は民事執行法

最初からそう教えてくれればいいのに！

民事執行法のツボとコツがゼッタイにわかる本

Contents

第3章　担保権を実行する　〜担保権の実行としての競売等〜

第1章 民事執行の基本とは

～総則～

【総則】

1 お金を貸したのに返してくれない！ 乗り込んで行ってお金を取ってきてもいいの？

自力救済の禁止

Bさんに50万円貸したんだけど返してくれない

それならBさんの家に行って車でもなんでも持ってきちゃえば…

そんなことをしたら逮捕されるんじゃない？

自分の権利を自分で実現する！ そんなことできるの？

　AさんはBさんに50万円を貸したのですが、Bさんは返してくれません。Aさんの友人は、悪いのはお金を返さないBさんなんだからBさんの家に行って車や家財道具などを持ってきてしまえばと言っています。

　なんだか無茶な気がするのですが、そのようなことが許されるのでしょうか。

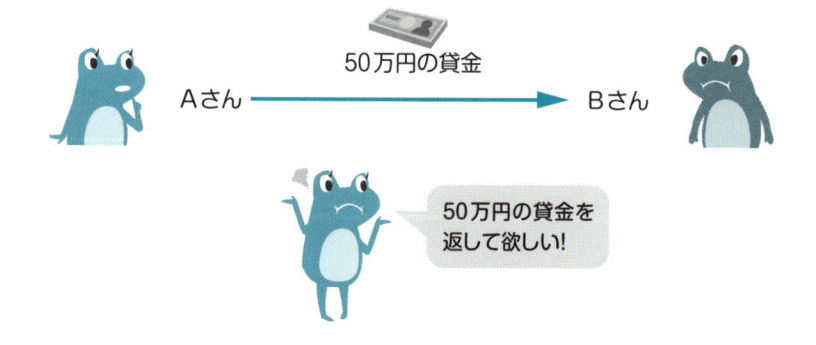

Aさん　―――50万円の貸金――→　Bさん

50万円の貸金を返して欲しい!

問題のツボ〜自力救済の禁止

　自分の権利なのですから相手が義務を履行しない場合に自分の権利を自分で実現することも許されそうですが、自分の権利を自分で実現すること、つまり自力救済は原則として禁止されています。このことを**自力救済の禁止**といいます。

　自力救済が禁止されるのは、権利者が自ら権利を実現することを許すと権利者は義務者の財産から回収できてしまい、義務者が生存することさえも危うくなってしまって、それは権利行使としても是認できないと考えられているからです。

　判例は、法律の定める手続によったのでは権利者に対する違法な侵害に対して現状を維持することが不可能又は著しく困難であると認められる緊急やむを得ない特別の事情がある場合においてのみ、必要の限度を超えない範囲内で、例外的に自力救済が許されると判示していますが（最高裁判所昭和40年12月7日判決）、この自力救済が認められる例外的なケースは極めてまれでしょう。

問題解決のコツ

　自力救済は禁止されていますから、AさんはBさんの家に行って車などを持ち帰って債務の弁済にあてることはできません。

　Aさんは、法律の定めに従って権利を実現する必要があります。すなわち、Aさんは、まずBさんに50万円の貸金の返還を求める訴訟を提起して勝訴判決を得る必要があります。そして、通常はその勝訴判決が確定した後にBさんの財産に対して強制執行を行うことになります。

　この裁判の手続を定めている法律が民事訴訟法であり、強制執行の手続を定めている法律が民事執行法です。

用語の解説

自力救済の禁止：自分で自分の権利を実現することは、原則として禁止されるということ。

2 民事執行法は何を規定しているの？

民事執行の意味

ところで民事執行法って何を規定しているの？

執行法っていうくらいだから債務者に有無を言わせず権利を実現することを規定しているのでは…

民事執行法はどんなことを定めているの？

民法は市民の生活に関する様々なことを規定している法律であり、民事訴訟法は民事事件の裁判の手続に関する法律です。

それでは、民事執行法とはどんなことを定めているのでしょうか。あまり聞かない法律かもしれませんが、権利を実現することに関する法律のようです。具体的にはどのようなことを規定しているのでしょうか。

問題のツボ～民事執行の意味

民事執行法1条は民事執行の定義を定めています。これによると**民事執行**とは、①強制執行、②担保権の実行としての競売、③民法、商法その他の法律の規定による換価のための競売、④債務者の財産の開示の総称です。

民事執行法の目次もこの民事執行の内容に従って配置されています。

すなわち、第2章が強制執行であり、強制執行は大きく分けて、金銭の支払いを目的とする債権についての強制執行（第2章第2節）と金銭の支払いを目的としない請求権についての強制執行（第2章第3節）に分けられています。つまり、**強制執行**とは請求権を実現する手続です。

第3章が担保権の実行としての競売等であり、この「等」のなかに民法、商法その他の法律の規定による換価のための競売が195条に規定されています。

そして、第4章が債務者の財産の開示（財産開示手続）に関する規定です。

▼民事執行の内容

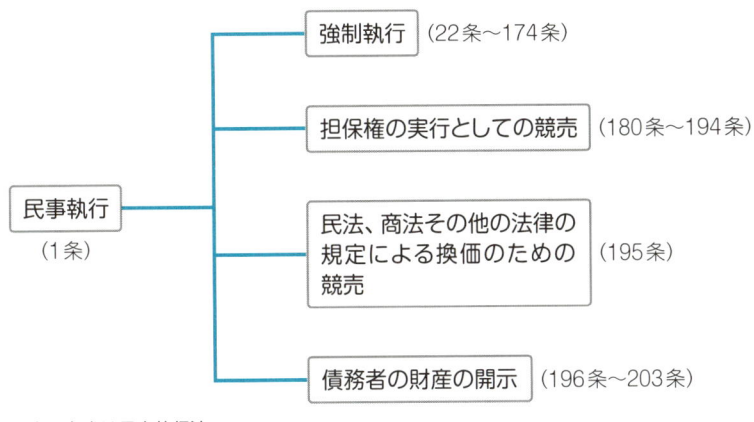

※上記条文は民事執行法

問題解決のコツ

　担保権の実行としての競売は、その典型例が抵当権の実行手続であり、これには**担保不動産競売**と**担保不動産収益執行**があります（民事執行法180条）。そして、担保不動産競売に関しては、金銭の支払いを目的とする債権についての強制執行（第2章第2節）の中の不動産に対する強制執行（第2章第2節第1款）に関する規定が多く準用されています（民事執行法188条）。

　現実の民事執行ではこの不動産に対する強制執行と抵当権による担保不動産競売が多く行われています。

　民法、商法その他の法律の規定による換価のための競売では、例えば共有物の分割による競売（民法258条）などが行われます。

　債務者の財産の開示（財産開示手続）は、債権者の申立てに基づいて裁判所が債務者に財産の開示を命ずる手続です。

1

民事執行：①強制執行、②担保権の実行としての競売、③民法、商法その他の法律の規定による換価のための競売、④債務者の財産の開示の総称。
強制執行：請求権を実現する手続。
担保不動産競売：競売による不動産担保権の実行（民事執行法180条1号）。
担保不動産収益執行：不動産から生ずる収益を被担保債権の弁済に充てる方法による不動産担保権の実行（民事執行法180条2号）。

条文

民法258条　（裁判による共有物の分割）
1　共有物の分割について共有者間に協議が調わないときは、その分割を裁判所に請求することができる。
2　前項の場合において、共有物の現物を分割することができないとき、又は分割によってその価格を著しく減少させるおそれがあるときは、裁判所は、その競売を命ずることができる。

民事執行法1条　（趣旨）
強制執行、担保権の実行としての競売及び民法（明治29年法律第89号）、商法（明治32年法律第48号）その他の法律の規定による換価のための競売並びに債務者の財産の開示（以下「民事執行」と総称する。）については、他の法令に定めるもののほか、この法律の定めるところによる。

民事執行法180条　（不動産担保権の実行の方法）
不動産（登記することができない土地の定着物を除き、第43条第2項の規定により不動産とみなされるものを含む。以下この章において同じ。）を目的とする担保権（以下この章において「不動産担保権」という。）の実行は、次に掲げる方法であつて債権者が選択したものにより行う。
1　担保不動産競売（競売による不動産担保権の実行をいう。以下この章において同じ。）の方法
2　担保不動産収益執行（不動産から生ずる収益を被担保債権の弁済に充てる方法による不動産担保権の実行をいう。以下この章において同じ。）の方法

民事執行法188条　（不動産執行の規定の準用）
第44条の規定は不動産担保権の実行について、前章第2節第1款第2目（第81条を除く。）の規定は担保不動産競売について、同款第3目の規定は担保不動産収益執行について準用する。

民事執行法195条　（留置権による競売及び民法、商法その他の法律の規定による換価のための競売）
留置権による競売及び民法、商法その他の法律の規定による換価のための競売については、担保権の実行としての競売の例による。

【総則】

3 強制執行したら相手が破産してしまった！これからどうなるの？

個別執行と包括執行

Bさんにお金を貸して判決でも勝った！　Bさんの不動産に強制執行したら、Bさんが破産してしまった…

君の強制執行はどうなるの？

1

強制執行したら相手が破産！　強制執行はどうなるの？

　AさんはBさんにお金を貸していましたが返してくれないので訴訟を提起して勝訴判決を得ました。

　それでもBさんはお金を返してくれないのでAさんはBさんの不動産に対して強制執行の申立てをしましたが、その後Bさんは破産してしまいました。

　Aさんの強制執行はどうなってしまうのでしょうか？

Aさん
①強制執行 ————————→

Bさん
②破産

Bさんが破産
してしまった…

25

問題のツボ〜個別執行と包括執行

　強制執行は、請求権を実現する手続であり、債務者が任意に債務を履行しない場合に債権者が債務者の特定の財産に対して申し立てるものです。ただし、債務者の動産に対して強制執行を申立てる場合には債権者は個々の動産を特定する必要はありません。

　AさんはBさんが貸金を返してくれないのでBさんの不動産に対して強制執行を申立てたわけです。

　このように強制執行は、特定の債権者が債務者の特定の財産を対象にして行われるので**個別執行**といわれています。

　これに対して、破産などの倒産手続は、債務者のすべての債権者のために債務者のすべての財産を対象にして手続が進められていきますので、**包括執行**といわれています。破産手続では債務者（破産者）の財産を売却するなどしてお金に換え、そのお金を債権者に配当していきます。

問題解決のコツ

　債務者に対して強制執行をしたところ債務者が破産手続開始決定を受けた場合には、その強制執行は効力を失います（破産法42条2項）。

　Bさんが破産手続開始決定を受けたことによりAさんの強制執行は効力を失い、Aさんは破産手続の中で配当を受けることによって貸金の回収を図ることになります。

　また、本件とは事案が異なりますが、破産手続開始決定を受けた債務者に対して強制執行の申立てを行うことはできません（破産法42条1項）。

　いずれも個別執行よりも包括執行を優先する趣旨です。

用語の解説

個別執行：特定の債権者が債務者の特定の財産を対象にして行われる執行手続。
包括執行：債務者のすべての債権者のために債務者のすべての財産を対象にして行われる倒産手続。

条文

破産法42条　（他の手続の失効等）

1　破産手続開始の決定があった場合には、破産財団に属する財産に対する強制執行、仮差押え、仮処分、一般の先取特権の実行、企業担保権の実行又は外国租税滞納処分で、破産債権若しくは財団債権に基づくもの又は破産債権若しくは財団債権を被担保債権とするものは、することができない。

2　前項に規定する場合には、同項に規定する強制執行、仮差押え、仮処分、一般の先取特権の実行及び企業担保権の実行の手続並びに外国租税滞納処分で、破産財団に属する財産に対して既にされているものは、破産財団に対してはその効力を失う。ただし、同項に規定する強制執行又は一般の先取特権の実行（以下この条において「強制執行又は先取特権の実行」という。）の手続については、破産管財人において破産財団のためにその手続を続行することを妨げない。

3　前項ただし書の規定により続行された強制執行又は先取特権の実行の手続については、民事執行法第63条 及び第129条（これらの規定を同法 その他強制執行の手続に関する法令において準用する場合を含む。）の規定は、適用しない。

4　第2項ただし書の規定により続行された強制執行又は先取特権の実行の手続に関する破産者に対する費用請求権は、財団債権とする。

5　第2項ただし書の規定により続行された強制執行又は先取特権の実行に対する第三者異議の訴えについては、破産管財人を被告とする。

6　破産手続開始の決定があったときは、破産債権又は財団債権に基づく財産開示手続（民事執行法第196条 に規定する財産開示手続をいう。以下この項並びに第249条第1項及び第2項において同じ。）の申立てはすることができず、破産債権又は財団債権に基づく財産開示手続はその効力を失う。

【総則】

4 債務者は税金も滞納している！強制執行できるの？

滞納処分と強制執行

Bさんにお金を貸しているんだけど、なかなか返してくれないので強制執行をしようと思うんだ

Bさんは税金も滞納しているみたいだけど、大丈夫？

債務者が税金を滞納！　強制執行できる？

　AさんはBさんにお金を貸しているのですが、なかなか返してくれません。そこでやむをえず強制執行を考えているのですが、Bさんは税金も滞納しているようです。

　AさんはBさんに対して強制執行することができるのでしょうか？

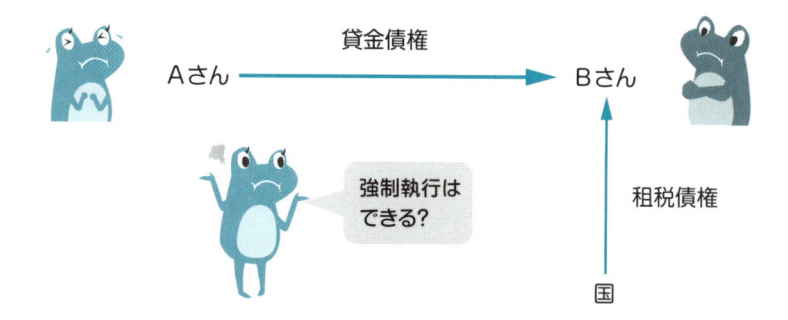

問題のツボ〜滞納処分と強制執行の関係

税金、たとえば国税を納めないと国税徴収法47条以下の滞納処分によって強制的に徴収されることになります。このような滞納処分と強制執行の関係については、「滞納処分と強制執行等との手続の調整に関する法律」（以下「滞調法」と略します）によって調整されています。

滞調法によると、滞納処分による差押えがなされている不動産に対しても強制競売の開始決定を行うことができますから（滞調法12条1項）、Aさんは、Bさんが国税を納税せずに滞納処分としての差押えを受けているときにもBさんの不動産に対して強制執行の申立てをすることができます。

また、Aさんが先に強制執行の申立てをしてBさんの不動産に差押さえがなされても、国は滞納処分によってその不動産を差押さえることができます（滞調法29条1項）。

問題解決のコツ

Bさんの不動産に対してAさんの強制執行による差押えがあり、また、国税の滞納処分により差押えがなされた場合には、Aさんの貸金と国税はどうなるのでしょうか。

この場合には裁判所によって配当が行われますが（民事執行法85条1項、2項）、国税優先の原則により（国税徴収法8条）、Aさんの貸金よりも前に国税に対して配当がおこなわれることになります。

その結果Bさんの滞納額が多い場合にはAさんは配当を受けられない可能性があります。

> **条文**
>
> **滞納処分と強制執行等との手続の調整に関する法律12条** （強制競売開始の通知）
> 1 強制競売の開始決定は、滞納処分による差押えがされている不動産に対してもすることができる。
> 2 滞納処分による差押えがされている不動産に対し強制競売の開始決定があつたときは、裁判所書記官は、その旨を徴収職員等に通知しなければならない。
>
> **滞納処分と強制執行等との手続の調整に関する法律29条** （滞納処分の通知）
> 1 滞納処分による差押えは、強制競売の開始決定があつた不動産に対してもすることができる。
> 2 徴収職員等は、強制競売の開始決定があつた不動産に対し滞納処分による差押えをしたときは、その旨を執行裁判所に通知しなければならない。

国税徴収法8条 （国税優先の原則）

　国税は、納税者の総財産について、この章に別段の定がある場合を除き、すべての公課その他の債権に先だつて徴収する。

国税徴収法12条 （差押先着手による国税の優先）

1　納税者の財産につき国税の滞納処分による差押をした場合において、他の国税又は地方税の交付要求があつたときは、その差押に係る国税は、その換価代金につき、その交付要求に係る他の国税又は地方税に先だつて徴収する。

2　納税者の財産につき国税又は地方税の滞納処分による差押があつた場合において、国税の交付要求をしたときは、その交付要求に係る国税は、その換価代金につき、その差押に係る国税又は地方税（第9条（強制換価手続の費用の優先）の規定の適用を受ける費用を除く。）に次いで徴収する。

民事執行法85条 （配当表の作成）

1　執行裁判所は、配当期日において、第87条第1項各号に掲げる各債権者について、その債権の元本及び利息その他の附帯の債権の額、執行費用の額並びに配当の順位及び額を定める。ただし、配当の順位及び額については、配当期日においてすべての債権者間に合意が成立した場合は、この限りでない。

2　執行裁判所は、前項本文の規定により配当の順位及び額を定める場合には、民法、商法その他の法律の定めるところによらなければならない。

3　配当期日には、第1項に規定する債権者及び債務者を呼び出さなければならない。

4　執行裁判所は、配当期日において、第1項本文に規定する事項を定めるため必要があると認めるときは、出頭した債権者及び債務者を審尋し、かつ、即時に取り調べることができる書証の取調べをすることができる。

5　第1項の規定により同項本文に規定する事項（同項ただし書に規定する場合には、配当の順位及び額を除く。）が定められたときは、裁判所書記官は、配当期日において、配当表を作成しなければならない。

6　配当表には、売却代金の額及び第1項本文に規定する事項についての執行裁判所の定めの内容（同項ただし書に規定する場合にあつては、配当の順位及び額については、その合意の内容）を記載しなければならない。

7　第16条第3項及び第4項の規定は、第1項に規定する債権者（同条第1項前段に規定する者を除く。）に対する呼出状の送達について準用する。

5 民事執行は裁判官が行うの？　それとも執行官が行うの？

執行機関

自分自身で権利を実現してはいけない（自力救済の禁止）ということはわかったけど、民事執行は具体的にはだれが行うの？

裁判所には裁判官や書記官やいろいろな人がいるみたいだしね…

民事執行の執行機関はどこ？

　Aさんは Bさんに対する貸金を回収するために貸金訴訟を提起して勝訴判決を得ました。それでも Bさんが貸金を返してくれないので強制執行を申し立てようとしています。

　訴訟では自分が原告になり、Bさんが被告になりましたが、強制執行ではどのような立場になるのでしょうか。また、訴訟では裁判官や書記官が登場しましたが、強制執行はだれが手続を進めていくのでしょうか。

問題のツボ〜執行機関

　民事執行は、申立てにより、裁判所又は執行官が行います（民事執行法2条）。

　この申立てを行う権利者のことを**債権者**といい、相手方である義務者のことを**債務者**といいます。民事執行では当事者のことを原告とか被告などとはいいません。

　民事執行の手続を遂行する裁判所のことを**執行裁判所**といいます。

　執行官は、執行手続を行う国家公務員です。動産に対する強制執行は執行官が行い（民事執行法122条）、また、執行官は不動産に対する強制執行に関して不動産の現況を調査し、現況調査報告書を作成したりします（民事執行法57条）。

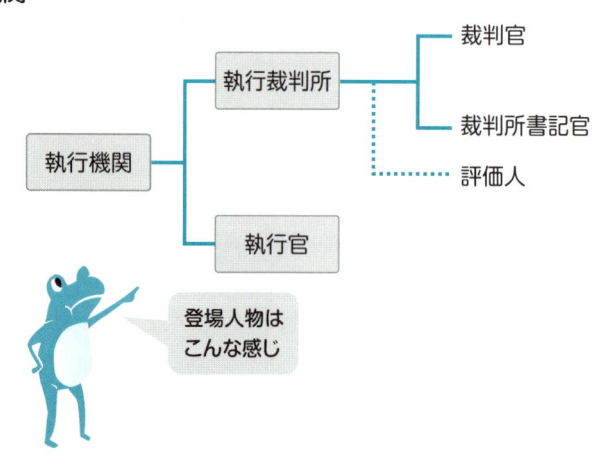

▼執行機関

```
                                       ┌── 裁判官
              ┌── 執行裁判所 ──┤
              │                        └── 裁判所書記官
   執行機関 ──┤                ╎
              │                 ╎........ 評価人
              └── 執行官
```

登場人物は
こんな感じ

問題解決のコツ

　執行裁判所の中では**裁判官**が中心になって手続を進めていきますが、ほかに裁判所書記官と評価人も重要な任務を担っています。

　裁判所書記官は、不動産に対する強制執行で差押えの登記を法務局に嘱託したり（民事執行法48条）、不動産に対する権利関係を明らかにするために物件明細書を作成したりします（民事執行法62条）。

　評価人は、執行裁判所から選任されて不動産の評価を行います（民事執行法58条）。通常は不動産鑑定士が評価人として選任されます。

用語の解説

債権者：民事執行の申立てを行う権利者のこと。
債務者：民事執行の申立てを受ける義務者のこと。
執行官：執行手続を行う国家公務員。
評価人：不動産の評価を行うために執行裁判所から選任された者。

条文

民事執行法2条　（執行機関）
　民事執行は、申立てにより、裁判所又は執行官が行う。
民事執行法48条　（差押えの登記の嘱託等）

1 強制競売の開始決定がされたときは、裁判所書記官は、直ちに、その開始決定に係る差押えの登記を嘱託しなければならない。
2 登記官は、前項の規定による嘱託に基づいて差押えの登記をしたときは、その登記事項証明書を執行裁判所に送付しなければならない。

民事執行法57条 （現況調査）
1 執行裁判所は、執行官に対し、不動産の形状、占有関係その他の現況について調査を命じなければならない。
2 執行官は、前項の調査をするに際し、不動産に立ち入り、又は債務者若しくはその不動産を占有する第三者に対し、質問をし、若しくは文書の提示を求めることができる。
3 執行官は、前項の規定により不動産に立ち入る場合において、必要があるときは、閉鎖した戸を開くため必要な処分をすることができる。
4 執行官は、第1項の調査のため必要がある場合には、市町村（特別区の存する区域にあつては、都）に対し、不動産（不動産が土地である場合にはその上にある建物を、不動産が建物である場合にはその敷地を含む。）に対して課される固定資産税に関して保有する図面その他の資料の写しの交付を請求することができる。
5 執行官は、前項に規定する場合には、電気、ガス又は水道水の供給その他これらに類する継続的給付を行う公益事業を営む法人に対し、必要な事項の報告を求めることができる。

民事執行法58条 （評価）
1 執行裁判所は、評価人を選任し、不動産の評価を命じなければならない。
2 評価人は、近傍同種の不動産の取引価格、不動産から生ずべき収益、不動産の原価その他の不動産の価格形成上の事情を適切に勘案して、遅滞なく、評価をしなければならない。この場合において、評価人は、強制競売の手続において不動産の売却を実施するための評価であることを考慮しなければならない。
3 評価人は、第6条第2項の規定により執行官に対し援助を求めるには、執行裁判所の許可を受けなければならない。
4 第18条第2項並びに前条第2項、第4項及び第5項の規定は、評価人が評価をする場合について準用する。

民事執行法62条 （物件明細書）
1 裁判所書記官は、次に掲げる事項を記載した物件明細書を作成しなければならない。
　　1 不動産の表示
　　2 不動産に係る権利の取得及び仮処分の執行で売却によりその効力を失わないもの
　　3 売却により設定されたものとみなされる地上権の概要
2 裁判所書記官は、前項の物件明細書の写しを執行裁判所に備え置いて一般の閲覧に供し、又は不特定多数の者が当該物件明細書の内容の提供を受けることができるものとして最高裁判所規則で定める措置を講じなければならない。
3 前2項の規定による裁判所書記官の処分に対しては、執行裁判所に異議を申し立てることができる。
4 第10条第6項前段及び第9項の規定は、前項の規定による異議の申立てがあつた場合について準用する。

1

【総則】

6 違法な執行！是正しなければ！

執行抗告と執行異議

Bさんのゴルフ会員権に強制執行の申立てをしたら、ゴルフ会員権が特定されていないといわれて裁判所から却下されてしまった

納得できなければ何か手を打たなければ…

裁判所が強制執行の申立てを却下！　納得できないけどどうすれば？

　AさんはBさんに対する貸金を回収するためにBさんが所有しているゴルフ会員権に対して強制執行を申し立てました。

　ところが、執行裁判所はゴルフ会員権が特定されていないとしてこの申立てを却下しました。

　納得できないAさんは何か手を打ちたいのですが、どうすればよいのか？

問題のツボ〜執行抗告・執行異議

　執行裁判所あるいは執行官の手続が法律に違反していると主張する者は、執行抗告又は執行異議を申し立てることができます。

　執行抗告は、民事執行の手続に関する裁判に対して、特別の定めがある場合に限り認められている執行裁判所の上級裁判所に対する不服申立てです（民事執行法10条1項）。

　地方裁判所が執行裁判所である場合には、執行抗告は地方裁判所の上級裁判所である高等裁判所が審理することになります。

　Aさんは、債権その他の財産権に対する強制執行としてゴルフ会員権という「その他の財産権」に対して強制執行の申立てをしたところ、裁判所から却下されてしまいました。

　この差押命令の申立てについての裁判に対しては、執行抗告をすることができま

す（民事執行法167条、145条5項）。

　そこで、Aさんはこの却下決定に対して執行抗告を行うことができます。

　注意すべき点は、執行抗告は裁判の告知を受けた日から1週間以内に申し立てなければならず（民事執行法10条2項）、不服申立期間が非常に短いことです。

問題解決のコツ

　不服申立方法にはほかに執行異議があります。

　執行異議は、執行裁判所の執行処分で執行抗告をすることができないもの、又は、執行官の処分及び遅怠に対して行うことができる不服申し立てです（民事執行法11条）。

　執行異議の審理は、執行裁判所が行います。

▼執行抗告と執行異議

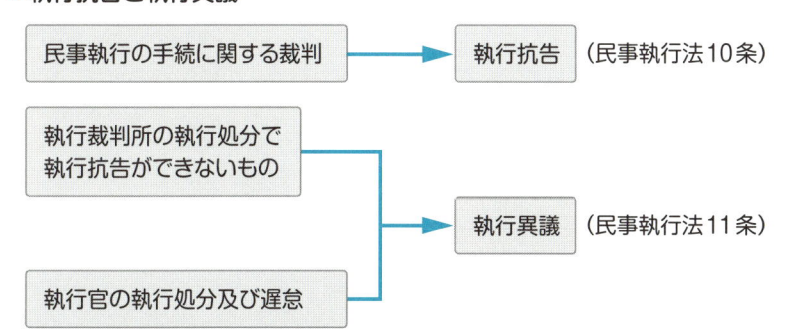

用語の解説

執行抗告：民事執行の手続に関する裁判に対して、特別の定めがある場合に限り認められている執行裁判所の上級裁判所に対する不服申し立て（民事執行法10条）。
執行異議：執行裁判所の執行処分で執行抗告をすることができないもの、又は、執行官の処分及び遅怠に対して行うことができる不服申し立て（民事執行法11条）。

条文

民事執行法10条 （執行抗告）

1 民事執行の手続に関する裁判に対しては、特別の定めがある場合に限り、執行抗告をすることができる。

2 執行抗告は、裁判の告知を受けた日から1週間の不変期間内に、抗告状を原裁判所に提出してしなければならない。

3 抗告状に執行抗告の理由の記載がないときは、抗告人は、抗告状を提出した日から1週間以内に、執行抗告の理由書を原裁判所に提出しなければならない。

4 執行抗告の理由は、最高裁判所規則で定めるところにより記載しなければならない。

5 次の各号に該当するときは、原裁判所は、執行抗告を却下しなければならない。

  1 抗告人が第3項の規定による執行抗告の理由書の提出をしなかつたとき。

  2 執行抗告の理由の記載が明らかに前項の規定に違反しているとき。

  3 執行抗告が不適法であつてその不備を補正することができないことが明らかであるとき。

  4 執行抗告が民事執行の手続を不当に遅延させることを目的としてされたものであるとき。

6 抗告裁判所は、執行抗告についての裁判が効力を生ずるまでの間、担保を立てさせ、若しくは立てさせないで原裁判の執行の停止若しくは民事執行の手続の全部若しくは一部の停止を命じ、又は担保を立てさせてこれらの続行を命ずることができる。事件の記録が原裁判所に存する間は、原裁判所も、これらの処分を命ずることができる。

7 抗告裁判所は、抗告状又は執行抗告の理由書に記載された理由に限り、調査する。ただし、原裁判に影響を及ぼすべき法令の違反又は事実の誤認の有無については、職権で調査することができる。

8 第5項の規定による決定に対しては、執行抗告をすることができる。

9 第6項の規定による決定に対しては、不服を申し立てることができない。

10 民事訴訟法（平成8年法律第109号）第349条の規定は、執行抗告をすることができる裁判が確定した場合について準用する。

民事執行法11条 （執行異議）

1 執行裁判所の執行処分で執行抗告をすることができないものに対しては、執行裁判所に執行異議を申し立てることができる。執行官の執行処分及びその遅怠に対しても、同様とする。

2 前条第6項前段及び第9項の規定は、前項の規定による申立てがあつた場合について準用する。

第2章　請求権を実現する
～強制執行～

【強制執行】

請求権を実現するって
どういうこと？

強制執行〜金銭執行と非金銭執行

強制執行という言葉は聞いたことがあるけど、具体的にはどのようにするのだろう？

債権者の債権にはいろいろなものがあるし、債務者の財産にはいろいろなものがあるしね

強制執行はどのような構造をしているの？

　強制執行という言葉は聞いたことがあるのですが、具体的にはどのように行われるのでしょうか。

　債権者の債権といってもその内容には様々なものがありますし、債務者の財産には不動産もあれば動産や債権もあります。

　どのような債権についてはどのような強制執行ができるのか、整理する必要がありそうです。

問題のツボ～金銭執行と非金銭執行

強制執行は請求権を実現する手続ですが、強制執行では債権者の債権を大きく二つに分けます。①金銭の支払いを目的とする債権と②金銭の支払いを目的としない請求権です。

そして、①の金銭の支払いを目的とする債権を実現する手続が**金銭執行**であり、民事執行法第2章第2節（44条～167条の16）に規定されています。

これに対して、②の金銭の支払いを目的としない請求権を実現する手続が**非金銭執行**であり、民事執行法第2章第3節（168条～174条）に規定されています。

問題解決のコツ

そして、金銭執行では執行の対象になる債務者の財産に着目して、不動産に対する強制執行（**不動産執行**、45条～111条）、船舶に対する強制執行（**船舶執行**、112条～121条）、動産に対する強制執行（**動産執行**、122条～142条）、債権に対する強制執行（**債権執行**、143条～166条）、その他の財産に対する強制執行（167条）に分かれます。

また、金銭の支払いを目的とする債権の中で少額訴訟債権執行（167条の2～167条の14）と扶養義務等に係る金銭債権についての強制執行（167条の15、167条の16）について特則が設けられています。

非金銭執行は、請求権の内容に着目し、不動産の引渡し・明渡しの強制執行（168条、168条の2、173条）、動産の引渡しの強制執行（169条、173条）、目的物を第三者が占有する場合の引渡しの強制執行（170条、173条）、作為又は不作為を目的とする債務で代替的なものの強制執行（171条、173条）、作為又は不作為を目的とする債務で不代替的なものの強制執行（172条）、意思表示をすべきことを債務の内容とするものの強制執行（174条）に分けられます。

2

▼強制執行の体系

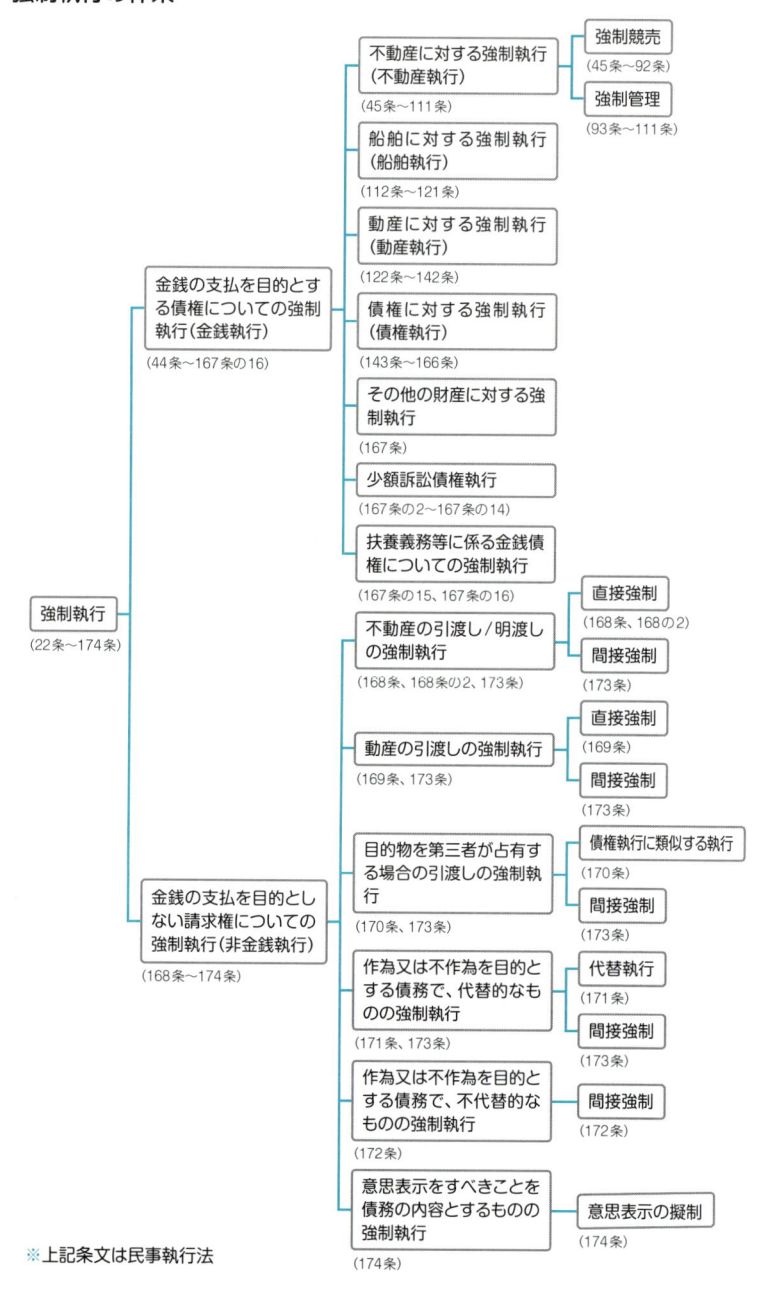

※上記条文は民事執行法

用語の解説

強制執行：請求権を実現する手続。

金銭執行：金銭の支払いを目的とする債権を実現する手続。

非金銭執行：金銭の支払いを目的としない請求権を実現する手続。

不動産執行：金銭執行のうちで債務者の特定の不動産に対して行われる強制執行。

動産執行：金銭執行のうちで債務者の動産に対して行われる強制執行。

債権執行：金銭執行のうちで債務者の債権に対して行われる強制執行。

条文

民事執行法43条　（不動産執行の方法）

1　不動産（登記することができない土地の定着物を除く。以下この節において同じ。）に対する強制執行（以下「不動産執行」という。）は、強制競売又は強制管理の方法により行う。これらの方法は、併用することができる。

2　金銭の支払を目的とする債権についての強制執行については、不動産の共有持分、登記された地上権及び永小作権並びにこれらの権利の共有持分は、不動産とみなす。

民事執行法168条1項、2項　（不動産の引渡し等の強制執行）

1　不動産等（不動産又は人の居住する船舶等をいう。以下この条及び次条において同じ。）の引渡し又は明渡しの強制執行は、執行官が債務者の不動産等に対する占有を解いて債権者にその占有を取得させる方法により行う。

2　執行官は、前項の強制執行をするため同項の不動産等の占有者を特定する必要があるときは、当該不動産等に在る者に対し、当該不動産等又はこれに近接する場所において、質問をし、又は文書の提示を求めることができる。

2

2 貸金訴訟で勝ったのに支払ってくれない！どうすれば？

債務名義〜確定判決

Bさんに300万円の貸金訴訟を起こして勝ったんだけど、まだ支払ってくれない

せっかく訴訟まで起こして勝ったのにね。あきらめるしかないのかな？

せっかく貸金訴訟で勝ったのに…どうすればいい？

　AさんはBさんに300万円の貸金訴訟を提起して勝訴判決を勝ち取りました。しかし、Bさんは支払ってくれません。裁判に勝ったのだから当然支払ってくれるものと思っていたAさんはがっかりです。

　このままあきらめるしかないのでしょうか。300万円の貸金を回収するためにこれからとれる方法は？

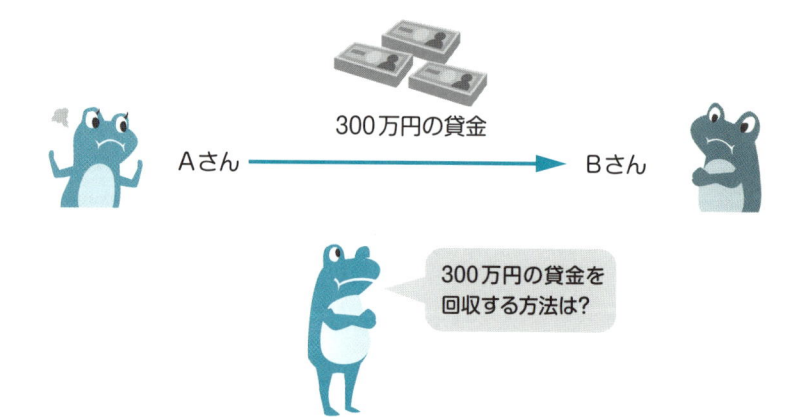

300万円の貸金

Aさん　　　　　　　　　　　　　→　　　　　　　　Bさん

300万円の貸金を
回収する方法は？

問題のツボ〜債務名義・確定判決

　Ａさんは勝訴判決を得ましたがＢさんはいっこうに支払ってくれません。Ａさんが300万円の貸金を回収するために残された道は強制執行です。

　ＡさんはＢさんの財産（不動産、動産、債権など）に対して強制執行を申し立てることができますが、強制執行するためには「執行文の付された債務名義の正本」に基づいて実施する必要があります（民事執行法25条）。

　執行文については別に扱いますが、ここでは債務名義について考えてみましょう。

　債務名義とは、強制執行をするために必要な文書として民事執行法22条に規定されているものです。

　Ａさんは300万円の支払いを認容した判決を得たのですから、確定判決を債務名義としてＢさんに対して強制執行を申し立てることができます（民事執行法22条1号）。

2

問題解決のコツ

　確定判決とは、確定した判決という意味です。

　判決の確定とは、判決に対して当事者に通常認められている不服申立手段が尽きることであり、この尽きたときに判決が確定することになります。例えば、Ａさんが第1審判決で全面的に勝訴して被告のＢさんが控訴せずに控訴期間が経過すると控訴期間経過時に第1審判決が確定します。

　Ａさんがこの確定判決に基づいて強制執行を申し立てるには、判決の正本に執行文を付して申し立てることになります。それらを備えてはじめて「執行文の付された債務名義の正本」（民事執行法25条）が整うことになります。

用語の解説

債務名義：強制執行をするために必要な文書として民事執行法22条に規定されているもの。
確定判決：確定した判決のこと。
判決の確定：判決に対して当事者に通常認められている不服申立手段が尽きること。

民事執行法22条 （債務名義）

強制執行は、次に掲げるもの（以下「債務名義」という。）により行う。

1 確定判決
2 仮執行の宣言を付した判決
3 抗告によらなければ不服を申し立てることができない裁判（確定しなければその効力を生じない裁判にあつては、確定したものに限る。）
3の2 仮執行の宣言を付した損害賠償命令
4 仮執行の宣言を付した支払督促
4の2 訴訟費用、和解の費用若しくは非訟事件（他の法令の規定により非訟事件手続法（平成23年法律第51号）の規定を準用することとされる事件を含む。）若しくは家事事件の手続の費用の負担の額を定める裁判所書記官の処分又は第42条第4項に規定する執行費用及び返還すべき金銭の額を定める裁判所書記官の処分（後者の処分にあつては、確定したものに限る。）
5 金銭の一定の額の支払又はその他の代替物若しくは有価証券の一定の数量の給付を目的とする請求について公証人が作成した公正証書で、債務者が直ちに強制執行に服する旨の陳述が記載されているもの（以下「執行証書」という。）
6 確定した執行判決のある外国裁判所の判決
6の2 確定した執行決定のある仲裁判断
7 確定判決と同一の効力を有するもの（第3号に掲げる裁判を除く。）

民事執行法25条 （強制執行の実施）

強制執行は、執行文の付された債務名義の正本に基づいて実施する。ただし、少額訴訟における確定判決又は仮執行の宣言を付した少額訴訟の判決若しくは支払督促により、これに表示された当事者に対し、又はその者のためにする強制執行は、その正本に基づいて実施する。

3 貸金訴訟の判決に仮執行宣言が付いた！ これで強制執行できるの？

債務名義〜仮執行宣言付き判決

Bさんに300万円の貸金訴訟を提起して判決で勝ったんだけど、その判決に仮執行宣言が付いた！

Bさんは控訴したそうだけど、その仮執行宣言によって君は強制執行できるの？

2

仮執行宣言で強制執行？

　Aさんは、Bさんに対して300万円の貸金訴訟を提起して勝訴判決を得ましたが、その判決には仮執行宣言が付いていました。

　この第1審の判決に対してBさんは高等裁判所に控訴したのですが、Aさんは仮執行宣言に基づいてBさんに強制執行することができるのでしょうか？

　Bさんが控訴したので第1審判決は確定してはいないのですが…

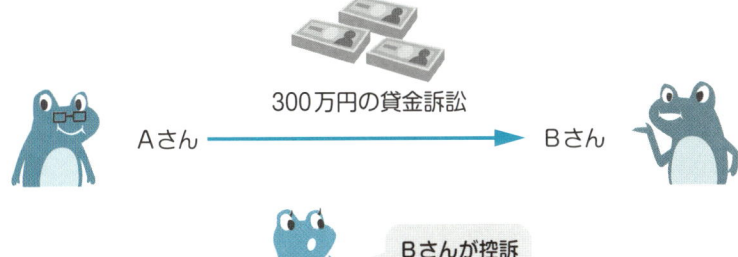

300万円の貸金訴訟

Aさん　　　　　　　　　　　　　Bさん

Bさんが控訴したので…

問題のツボ～債務名義・仮執行宣言付き判決

仮執行宣言は、確定していない判決に判決の内容を実現する効力を与える宣言です（民事訴訟法259条1項）。判決に仮執行宣言が付けられるとそれは**債務名義**になりますから（民事執行法22条2号）、強制執行することができます。

仮執行というと強制執行も途中までしかできないような印象を受けますが、そうではなく仮執行宣言付き判決に基づく強制執行も強制執行は最後まで行われます。

問題解決のコツ

Aさんが仮執行宣言付き判決に基づいてBさんに対して強制執行をしてきた場合に、Bさんはこれを停止させたり取り消せたりすることはできるでしょうか。

Bさんには三つの方法があります。

①まず、仮執行宣言付き判決に仮執行の免脱宣言が付されている場合です。

裁判所は、申立てにより又は職権で、担保をたてさせて仮執行を免れることを判決の中で宣言することができます（民事訴訟法259条3項）。

Bさんは裁判所から命じられた担保を納めることによって強制執行を停止したり、取り消すことができます（民事執行法39条1項5号、40条1項）。

②また、Bさんは民事訴訟法403条1項2号ないし5号に基づいて裁判所に申し立てて強制執行の一時の停止又はすでにした強制執行の取り消しを求めることができます（民事執行法39条1項6号、40条1項）。

③Bさんは控訴審で勝訴判決を得れば第1審判決で付された仮執行宣言は効力を失い（民事訴訟法260条1項）、強制執行は停止されたり（民事執行法39条1項1号）、取り消されます（民事執行法40条1項）。

Bさんは控訴審で勝訴すると、仮執行宣言によって給付したものの返還を請求することができ、また、Aさんに対して損害賠償を請求することができます（民事訴訟法260条2項）。

用語の解説

仮執行宣言：確定していない判決に判決の内容を実現する効力を与える宣言（民事訴訟法259条1項）。

条文

民事訴訟法259条　（仮執行の宣言）

1　財産権上の請求に関する判決については、裁判所は、必要があると認めるときは、申立てにより又は職権で、担保を立てて、又は立てないで仮執行をすることができることを宣言することができる。

2　手形又は小切手による金銭の支払の請求及びこれに附帯する法定利率による損害賠償の請求に関する判決については、裁判所は、職権で、担保を立てないで仮執行をすることができることを宣言しなければならない。ただし、裁判所が相当と認めるときは、仮執行を担保を立てることに係らしめることができる。

3　裁判所は、申立てにより又は職権で、担保を立てて仮執行を免れることができることを宣言することができる。

4　仮執行の宣言は、判決の主文に掲げなければならない。前項の規定による宣言についても、同様とする。

5　仮執行の宣言の申立てについて裁判をしなかったとき、又は職権で仮執行の宣言をすべき場合においてこれをしなかったときは、裁判所は、申立てにより又は職権で、補充の決定をする。第3項の申立てについて裁判をしなかったときも、同様とする。

6　第76条、第77条、第79条及び第80条の規定は、第1項から第3項までの担保について準用する。

民事訴訟法260条　（仮執行の宣言の失効及び原状回復等）

1　仮執行の宣言は、その宣言又は本案判決を変更する判決の言渡しにより、変更の限度においてその効力を失う。

2　本案判決を変更する場合には、裁判所は、被告の申立てにより、その判決において、仮執行の宣言に基づき被告が給付したものの返還及び仮執行により又はこれを免れるために被告が受けた損害の賠償を原告に命じなければならない。

3　仮執行の宣言のみを変更したときは、後に本案判決を変更する判決について、前項の規定を適用する。

民事訴訟法403条　（執行停止の裁判）

1　次に掲げる場合には、裁判所は、申立てにより、決定で、担保を立てさせて、若しくは立てさせないで強制執行の一時の停止を命じ、又はこれとともに、担保を立てて強制執行の開始若しくは続行をすべき旨を命じ、若しくは担保を立てさせて既にした執行処分の取消しを命ずることができる。ただし、強制執行の開始又は続行をすべき旨の命令は、第3号から第6号までに掲げる場合に限り、することができる。

　1　第327条第1項（第380条第2項において準用する場合を含む。次条において同じ。）の上告又は再審の訴えの提起があった場合において、不服の理由として主張した事情が法律上理由があるとみえ、事実上の点につき疎明があり、かつ、執行により償うことができない損害が生ずるおそれがあることにつき疎明があったとき。

　2　仮執行の宣言を付した判決に対する上告の提起又は上告受理の申立てがあった場合において、原判決の破棄の原因となるべき事情及び執行により償うことができない損害を生ずるおそれがあることにつき疎明があったとき。

　3　仮執行の宣言を付した判決に対する控訴の提起又は仮執行の宣言を付した支払督促に対する督促異議の申立て（次号の控訴の提起及び督促異議の申立てを除く。）があった場合において、原判決若しくは支払督促の取消し若しくは変更の

2

原因となるべき事情がないとはいえないこと又は執行により著しい損害を生ずるおそれがあることにつき疎明があったとき。

4 手形又は小切手による金銭の支払の請求及びこれに附帯する法定利率による損害賠償の請求について、仮執行の宣言を付した判決に対する控訴の提起又は仮執行の宣言を付した支払督促に対する督促異議の申立てがあった場合において、原判決又は支払督促の取消し又は変更の原因となるべき事情につき疎明があったとき。

5 仮執行の宣言を付した手形訴訟若しくは小切手訴訟の判決に対する異議の申立て又は仮執行の宣言を付した少額訴訟の判決に対する異議の申立てがあった場合において、原判決の取消し又は変更の原因となるべき事情につき疎明があったとき。

6 第117条第1項の訴えの提起があった場合において、変更のため主張した事情が法律上理由があるとみえ、かつ、事実上の点につき疎明があったとき。

2 前項に規定する申立てについての裁判に対しては、不服を申し立てることができない。

民事執行法22条 （債務名義）

強制執行は、次に掲げるもの（以下「債務名義」という。）により行う。

1 確定判決
2 仮執行の宣言を付した判決
3 抗告によらなければ不服を申し立てることができない裁判（確定しなければその効力を生じない裁判にあつては、確定したものに限る。）
3の2 仮執行の宣言を付した損害賠償命令
4 仮執行の宣言を付した支払督促
4の2 訴訟費用、和解の費用若しくは非訟事件（他の法令の規定により非訟事件手続法（平成23年法律第51号）の規定を準用することとされる事件を含む。）若しくは家事事件の手続の費用の負担の額を定める裁判所書記官の処分又は第42条第4項に規定する執行費用及び返還すべき金銭の額を定める裁判所書記官の処分（後者の処分にあつては、確定したものに限る。）
5 金銭の一定の額の支払又はその他の代替物若しくは有価証券の一定の数量の給付を目的とする請求について公証人が作成した公正証書で、債務者が直ちに強制執行に服する旨の陳述が記載されているもの（以下「執行証書」という。）
6 確定した執行判決のある外国裁判所の判決
6の2 確定した執行決定のある仲裁判断
7 確定判決と同一の効力を有するもの（第3号に掲げる裁判を除く。）

民事執行法39条 （強制執行の停止）

1 強制執行は、次に掲げる文書の提出があつたときは、停止しなければならない。

1 債務名義（執行証書を除く。）若しくは仮執行の宣言を取り消す旨又は強制執行を許さない旨を記載した執行力のある裁判の正本
2 債務名義に係る和解、認諾、調停又は労働審判の効力がないことを宣言する確定判決の正本
3 第22条第2号から第4号の2までに掲げる債務名義が訴えの取下げその他の事由により効力を失つたことを証する調書の正本その他の裁判所書記官の作成した文書
4 強制執行をしない旨又はその申立てを取り下げる旨を記載した裁判上の和解若

しくは調停の調書の正本又は労働審判法（平成16年法律第45号）第21条第4項の規定により裁判上の和解と同一の効力を有する労働審判の審判書若しくは同法第20条第7項の調書の正本

5 強制執行を免れるための担保を立てたことを証する文書

6 強制執行の停止及び執行処分の取消しを命ずる旨を記載した裁判の正本

7 強制執行の一時の停止を命ずる旨を記載した裁判の正本

8 債権者が、債務名義の成立後に、弁済を受け、又は弁済の猶予を承諾した旨を記載した文書

2 前項第8号に掲げる文書のうち弁済を受けた旨を記載した文書の提出による強制執行の停止は、4週間に限るものとする。

3 第1項第8号に掲げる文書のうち弁済の猶予を承諾した旨を記載した文書の提出による強制執行の停止は、2回に限り、かつ、通じて6月を超えることができない。

民事執行法40条　（執行処分の取消し）

1 前条第1項第1号から第6号までに掲げる文書が提出されたときは、執行裁判所又は執行官は、既にした執行処分をも取り消さなければならない。

2 第12条の規定は、前項の規定により執行処分を取り消す場合については適用しない。

2

4

お金を貸したときに借用書は作ったけど、これで強制執行できるの？

債務名義〜執行証書

Bさんに100万円を貸して借用書も作ったし、領収書も書いてもらったけど、お金を返してくれない

その借用書で強制執行できるの？

借用書で強制執行できる？

　Aさんは Bさんに100万円を貸したのですが、返してくれません。Aさんはお金を貸すときに借用書も作りましたし、Bさんに領収証も書いてもらいました。

　証拠もばっちりですが、借用書に基づいて強制執行することはできるのでしょうか。

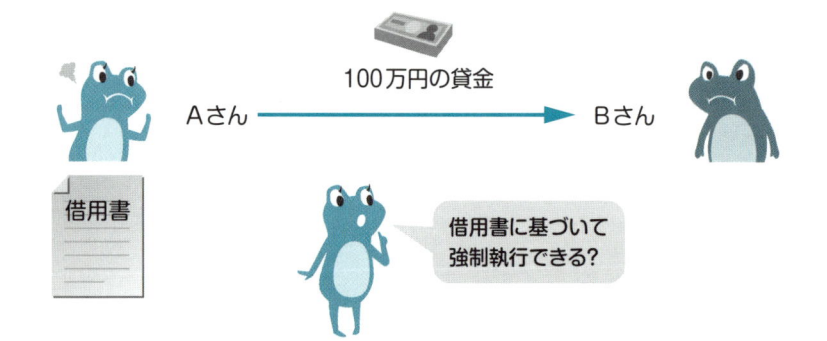

100万円の貸金

Aさん　　　　　　　　　　　　　　Bさん

借用書

借用書に基づいて強制執行できる?

問題のツボ〜債務名義・執行証書

　強制執行の申立をするためには債務名義が必要です（民事執行法25条）。**債務名義**とは、強制執行をするために必要な文書として民事執行法22条に規定されているものです。

　民事執行法22条には借用書は規定されていません。

　従って、Aさんは借用書に基づいてBさんに強制執行をすることはできません。

問題解決のコツ

　AさんはBさんにお金を貸すときに執行証書を作成していれば、その執行証書に基づいて強制執行をすることができました。

　執行証書とは、金銭の一定額の支払い又はその他の代替物若しくは有価証券の一定の数量の給付を目的とする請求について公証人が作成した公正証書であり、債務者が直ちに強制執行に服する旨の陳述が記載されているものです（民事執行法22条5号）。

　そこで、執行証書の要件は、①金銭などの一定額の給付を目的とする請求権であること、②公証人が作成した公正証書であること、③債務者が直ちに強制執行に服する旨の陳述が記載されているものであること（執行受諾文言）です。

　Aさんはお金を貸すときにBさんと公証役場に行って上記のような執行証書を作成していれば、その執行証書によって強制執行をすることができました。

　なお、執行証書によって強制執行をする場合にはその執行証書に執行文が付されている必要がありますが（民事執行法25条）、執行証書の執行文は公証人が付します（民事執行法26条1項）。

用語の解説

執行証書：金銭の一定額の支払い又はその他の代替物若しくは有価証券の一定の数量の給付を目的とする請求について公証人が作成した公正証書であり、債務者が直ちに強制執行に服する旨の陳述が記載されているもの（民事執行法22条5号）。

条文

民事執行法22条　（債務名義）
　強制執行は、次に掲げるもの（以下「債務名義」という。）により行う。

1 確定判決

2 仮執行の宣言を付した判決

3 抗告によらなければ不服を申し立てることができない裁判（確定しなければその効力を生じない裁判にあつては、確定したものに限る。）

3の2 仮執行の宣言を付した損害賠償命令

4 仮執行の宣言を付した支払督促

4の2 訴訟費用、和解の費用若しくは非訟事件（他の法令の規定により非訟事件手続法（平成23年法律第51号）の規定を準用することとされる事件を含む。）若しくは家事事件の手続の費用の負担の額を定める裁判所書記官の処分又は第42条第4項に規定する執行費用及び返還すべき金銭の額を定める裁判所書記官の処分（後者の処分にあつては、確定したものに限る。）

5 金銭の一定の額の支払又はその他の代替物若しくは有価証券の一定の数量の給付を目的とする請求について公証人が作成した公正証書で、債務者が直ちに強制執行に服する旨の陳述が記載されているもの（以下「執行証書」という。）

6 確定した執行判決のある外国裁判所の判決

6の2 確定した執行決定のある仲裁判断

7 確定判決と同一の効力を有するもの（第3号に掲げる裁判を除く。）

民事執行法25条 （強制執行の実施）

強制執行は、執行文の付された債務名義の正本に基づいて実施する。ただし、少額訴訟における確定判決又は仮執行の宣言を付した少額訴訟の判決若しくは支払督促により、これに表示された当事者に対し、又はその者のためにする強制執行は、その正本に基づいて実施する。

民事執行法26条 （執行文の付与）

1 執行文は、申立てにより、執行証書以外の債務名義については事件の記録の存する裁判所の裁判所書記官が、執行証書についてはその原本を保存する公証人が付与する。

2 執行文の付与は、債権者が債務者に対しその債務名義により強制執行をすることができる場合に、その旨を債務名義の正本の末尾に付記する方法により行う。

【強制執行】

5 借金を返したのに 強制執行された！ どうすれば？

請求異議の訴え

 Aさんに借金を返したのに強制執行をされた

 とにかく何とかしないと

2

借金を返したのに強制執行をされた

BさんはAさんからお金を借りていたのですが、弁済したにもかかわらずAさんから強制執行を受けてしまいました。

借金は返したのですからこのまま放っておいてもいいのでしょうか。

しかし、このままにしておくと強制執行がどんどん進んでしまいそうで心配です。

 強制執行
Aさん ━━━━━━━━▶ Bさん

 強制執行がどんどん進んでしまう?

問題のツボ〜請求異議の訴え

　Bさんは何らかの手を打たないと強制執行はどんどん進んでしまいます。

　Aさんは何らかの債務名義（民事執行法22条）に基づいて強制執行してきたわけですが、Bさんは弁済をしているのでその債務名義に掲げられている請求権は存在しません。

　そこで、Bさんは、自己が原告となりAさんを被告として請求異議の訴えを提起して強制執行の不許を求める必要があります。**請求異議の訴え**とは、債務名義に係る請求権の存在又は内容について異議のある債務者又は裁判以外の債務名義の成立について異議のある債務者が、強制執行の不許を求めて提起する訴訟です（民事執行法35条1項）。

　Bさんが請求異議の訴えに勝訴してその判決正本と確定証明書を執行裁判所に提出すると、強制執行は停止され（民事執行法39条1項1号）、すでになされていた執行処分は取り消されます（民事執行法40条1項）。

問題解決のコツ

　Bさんが請求異議の訴えを提起しただけではAさんの強制執行は停止されず、強制執行の手続は進んでしまいます。

　そこで、Bさんは、請求異議の訴えを提起するとともに、強制執行の停止、執行処分の取消しの仮処分の申立てをして、請求異議の事由が法律上理由があることを疎明し、裁判所の命じた担保を立てて、強制執行の停止、執行処分の取消しの決定を求め（民事執行法36条1項）、この決定書を執行裁判所に提出して強制執行の停止（民事執行法39条1項6号、7号）や執行処分の取消し（民事執行法40条1項、39条6号）を求めることになります。

用語の解説

請求異議の訴え：債務名義に係る請求権の存在又は内容について異議のある債務者又は裁判以外の債務名義の成立について異議のある債務者が、強制執行の不許を求めて提起する訴訟（民事執行法35条1項）。

条文

民事執行法35条 （請求異議の訴え）

1 債務名義（第22条第2号、第3号の2又は第4号に掲げる債務名義で確定前のものを除く。以下この項において同じ。）に係る請求権の存在又は内容について異議のある債務者は、その債務名義による強制執行の不許を求めるために、請求異議の訴えを提起することができる。裁判以外の債務名義の成立について異議のある債務者も、同様とする。

2 確定判決についての異議の事由は、口頭弁論の終結後に生じたものに限る。

3 第33条第2項及び前条第2項の規定は、第1項の訴えについて準用する。

民事執行法36条 （執行文付与に対する異議の訴え等に係る執行停止の裁判）

1 執行文付与に対する異議の訴え又は請求異議の訴えの提起があつた場合において、異議のため主張した事情が法律上理由があるとみえ、かつ、事実上の点について疎明があつたときは、受訴裁判所は、申立てにより、終局判決において次条第1項の裁判をするまでの間、担保を立てさせ、若しくは立てさせないで強制執行の停止を命じ、又はこれとともに、担保を立てさせて強制執行の続行を命じ、若しくは担保を立てさせて既にした執行処分の取消しを命ずることができる。急迫の事情があるときは、裁判長も、これらの処分を命ずることができる。

2 前項の申立てについての裁判は、口頭弁論を経ないですることができる。

3 第1項に規定する事由がある場合において、急迫の事情があるときは、執行裁判所は、申立てにより、同項の規定による裁判の正本を提出すべき期間を定めて、同項に規定する処分を命ずることができる。この裁判は、執行文付与に対する異議の訴え又は請求異議の訴えの提起前においても、することができる。

4 前項の規定により定められた期間を経過したとき、又はその期間内に第1項の規定による裁判が執行裁判所若しくは執行官に提出されたときは、前項の裁判は、その効力を失う。

5 第1項又は第3項の申立てについての裁判に対しては、不服を申し立てることができない。

民事執行法37条 （終局判決における執行停止の裁判等）

1 受訴裁判所は、執行文付与に対する異議の訴え又は請求異議の訴えについての終局判決において、前条第1項に規定する処分を命じ、又は既にした同項の規定による裁判を取り消し、変更し、若しくは認可することができる。この裁判については、仮執行の宣言をしなければならない。

2 前項の規定による裁判に対しては、不服を申し立てることができない。

民事執行法39条 （強制執行の停止）

1 強制執行は、次に掲げる文書の提出があつたときは、停止しなければならない。

　　1 債務名義（執行証書を除く。）若しくは仮執行の宣言を取り消す旨又は強制執行を許さない旨を記載した執行力のある裁判の正本

　　2 債務名義に係る和解、認諾、調停又は労働審判の効力がないことを宣言する確定判決の正本

　　3 第22条第2号から第4号の2までに掲げる債務名義が訴えの取下げその他の事由により効力を失つたことを証する調書の正本その他の裁判所書記官の作成した文書

　　4 強制執行をしない旨又はその申立てを取り下げる旨を記載した裁判上の和解若

2

しくは調停の調書の正本又は労働審判法（平成16年法律第45号）第21条第4項の規定により裁判上の和解と同一の効力を有する労働審判の審判書若しくは同法第20条第7項の調書の正本

5 強制執行を免れるための担保を立てたことを証する文書

6 強制執行の停止及び執行処分の取消しを命ずる旨を記載した裁判の正本

7 強制執行の一時の停止を命ずる旨を記載した裁判の正本

8 債権者が、債務名義の成立後に、弁済を受け、又は弁済の猶予を承諾した旨を記載した文書

2 前項第8号に掲げる文書のうち弁済を受けた旨を記載した文書の提出による強制執行の停止は、4週間に限るものとする。

3 第1項第8号に掲げる文書のうち弁済の猶予を承諾した旨を記載した文書の提出による強制執行の停止は、2回に限り、かつ、通じて6月を超えることができない。

民事執行法40条 （執行処分の取消し）

1 前条第1項第1号から第6号までに掲げる文書が提出されたときは、執行裁判所又は執行官は、既にした執行処分をも取り消さなければならない。

2 第12条の規定は、前項の規定により執行処分を取り消す場合については適用しない。

【強制執行】

6 私が彼に貸していた物も強制執行されるの？取り戻したい！！

第三者異議の訴え

彼が動産の強制執行を受けて、私が彼に貸していたパソコンも強制執行されてしまったの

君のパソコンなんだから取り戻せるんじゃないの？

2

貸していたパソコンも強制執行された！　取り戻せる？

　A子さんはB君にパソコンを貸していたのですが、B君がC社から借りていたお金を返さなかったために動産に対して強制執行されてしまい、A子さんのパソコンも強制執行されてしまいました。

　A子さんがパソコンを取り戻すにはどうすればよいのでしょうか。

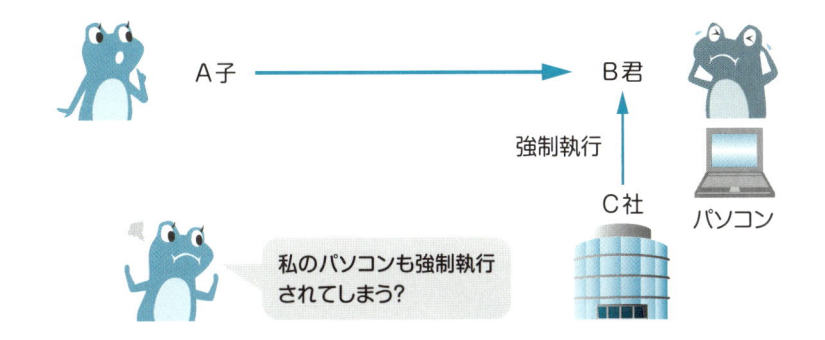

A子 → B君

強制執行

C社　パソコン

私のパソコンも強制執行されてしまう？

問題のツボ〜第三者異議の訴え

　A子さんがこのまま放っておくと強制執行が進められてしまいます。

　B君に対する強制執行はB君の所有物だけが対象になりますから、A子さんが所有しているパソコンは強制執行を免れるはずです。

　そこで、このようなA子さんの立場を保護するために民事執行法は第三者異議の

訴えを認めています（民事執行法38条1項）。**第三者異議の訴え**とは、強制執行の目的物について所有権その他目的物の譲渡又は引渡しを妨げる権利を有する第三者が債権者に対して強制執行の不許を求める訴えです。第三者異議の訴えでは第三者が原告になり、強制執行を行っている債権者が被告になります。

　A子さんが第三者異議の訴えで勝訴してその判決の正本と判決の確定証明書を執行裁判所に提出すると、C社の強制執行は停止し（民事執行法39条1項1号）、既になされていた執行処分は取り消され（民事執行法40条1項）、B君と合意していた返還時期が来ればA子さんはパソコンを取り戻すことができます。

問題解決のコツ

　A子さんが第三者異議の訴えを提起しただけではC社の強制執行は停止されず、強制執行の手続は進んでしまいます。

　そこで、A子さんは、第三者異議の訴えを提起するとともに、強制執行の停止、執行処分の取消しの仮処分の申立てをして、異議の事由が法律上理由があることを疎明し、裁判所の命じた担保を立てて、強制執行の停止、執行処分の取消しの決定を求め（民事執行法38条3項による36条1項の準用）、この決定書を執行裁判所に提出して強制執行の停止（民事執行法39条1項6号、7号）や執行処分の取消し（民事執行法40条1項、39条6号）を求めることになります。

用語の解説

第三者異議の訴え：強制執行の目的物について所有権その他目的物の譲渡又は引渡しを妨げる権利を有する第三者が債権者に対して強制執行の不許を求める訴え（民事執行法38条1項）。

条文

民事執行法36条　（執行文付与に対する異議の訴え等に係る執行停止の裁判）

1　執行文付与に対する異議の訴え又は請求異議の訴えの提起があつた場合において、異議のため主張した事情が法律上理由があるとみえ、かつ、事実上の点について疎明があつたときは、受訴裁判所は、申立てにより、終局判決において次条第1項の裁判をするまでの間、担保を立てさせ、若しくは立てさせないで強制執行の停止を命じ、又はこれとともに、担保を立てさせて強制執行の続行を命じ、若しくは担保を立てさせて既にした執行処分の取消しを命ずることができる。急迫の事情があるときは、裁判長も、これらの処分を命ずることができる。

2　前項の申立てについての裁判は、口頭弁論を経ないですることができる。

3 第1項に規定する事由がある場合において、急迫の事情があるときは、執行裁判所は、申立てにより、同項の規定による裁判の正本を提出すべき期間を定めて、同項に規定する処分を命ずることができる。この裁判は、執行文付与に対する異議の訴え又は請求異議の訴えの提起前においても、することができる。
4 前項の規定により定められた期間を経過したとき、又はその期間内に第1項の規定による裁判が執行裁判所若しくは執行官に提出されたときは、前項の裁判は、その効力を失う。
5 第1項又は第3項の申立てについての裁判に対しては、不服を申し立てることができない。

民事執行法38条　（第三者異議の訴え）

1 強制執行の目的物について所有権その他目的物の譲渡又は引渡しを妨げる権利を有する第三者は、債権者に対し、その強制執行の不許を求めるために、第三者異議の訴えを提起することができる。
2 前項に規定する第三者は、同項の訴えに併合して、債務者に対する強制執行の目的物についての訴えを提起することができる。
3 第1項の訴えは、執行裁判所が管轄する。
4 前2条の規定は、第1項の訴えに係る執行停止の裁判について準用する。

民事執行法39条　（強制執行の停止）

1 強制執行は、次に掲げる文書の提出があつたときは、停止しなければならない。
　1 債務名義（執行証書を除く。）若しくは仮執行の宣言を取り消す旨又は強制執行を許さない旨を記載した執行力のある裁判の正本
　2 債務名義に係る和解、認諾、調停又は労働審判の効力がないことを宣言する確定判決の正本
　3 第22条第2号から第4号の2までに掲げる債務名義が訴えの取下げその他の事由により効力を失つたことを証する調書の正本その他の裁判所書記官の作成した文書
　4 強制執行をしない旨又はその申立てを取り下げる旨を記載した裁判上の和解若しくは調停の調書の正本又は労働審判法（平成16年法律第45号）第21条第4項の規定により裁判上の和解と同一の効力を有する労働審判の審判書若しくは同法第20条第7項の調書の正本
　5 強制執行を免れるための担保を立てたことを証する文書
　6 強制執行の停止及び執行処分の取消しを命ずる旨を記載した裁判の正本
　7 強制執行の一時の停止を命ずる旨を記載した裁判の正本
　8 債権者が、債務名義の成立後に、弁済を受け、又は弁済の猶予を承諾した旨を記載した文書
2 前項第8号に掲げる文書のうち弁済を受けた旨を記載した文書の提出による強制執行の停止は、4週間に限るものとする。
3 第1項第8号に掲げる文書のうち弁済の猶予を承諾した旨を記載した文書の提出による強制執行の停止は、2回に限り、かつ、通じて6月を超えることができない。

民事執行法40条　（執行処分の取消し）

1 前条第1項第1号から第6号までに掲げる文書が提出されたときは、執行裁判所又は執行官は、既にした執行処分をも取り消さなければならない。
2 第12条の規定は、前項の規定により執行処分を取り消す場合については適用しない。

2

【強制執行】

強制執行を実施するには 債務名義だけでいいの？

執行文

Bさんに貸金訴訟を提起して勝訴判決を得てこの判決が確定したから、これから強制執行するんだ

強制執行って債務名義だけでできるの？

強制執行を実施するには債務名義だけで十分？

AさんはBさんに貸金訴訟を提起して勝訴判決を得ました。Bさんが貸金を支払ってくれないので強制執行しようとしています。

Aさんは勝訴判決が確定し確定判決という債務名義があるからこれで強制執行できると考えているようです。

本当にこれだけで強制執行ができるのでしょうか？

強制執行

Aさん ⟶ Bさん

債務名義があればOK？

問題のツボ〜執行文

　強制執行は、「執行文の付された債務名義の正本」に基づいて実施されます（民事執行法25条）。

　確定判決は債務名義ですが（民事執行法22条1号）、これだけでは強制執行をすることはできず、確定判決に執行文が付されていなければなりません。

　執行文は、債務名義の正本の末尾にその債務名義によって強制執行ができる旨を付記して付されます（民事執行法26条2項）。

　誰が執行文を付するかというと、執行証書（民事執行法22条5号）についてはその原本を保存する公証人が付し、その他の債務名義は記録の存する裁判所の裁判所書記官が付します（民事執行法26条1項）。

（判決正本＋執行文）＋（判決確定証明書）＝執行文の付された債務名義の正本

問題解決のコツ

　債務名義に表示されている請求権が例えば不確定期限付きであった場合など、請求が債権者の証明すべき事実の到来に係る場合には、執行文は、債権者がその事実の到来したことを証する文書を提出したときに限り付されます（民事執行法27条1項）。これを**条件成就執行文**といいます。

　債務名義に表示された当事者以外の者を債権者又は債務者とする執行文は、その者に対し、又はその者のために強制執行をすることが裁判所書記官若しくは公証人に明白であるとき、又は債権者がそのことを証する文書を提出したときに限り、付されます（民事執行法27条2項）。これを**承継執行文**といいます。

　例えばBさんが死亡してBさんの相続人に対して強制執行する場合には、AさんはBさんの相続人を調べてそれらの戸籍謄本などを裁判所書記官に提出してBさんに相続があったことを証明して承継執行文を付してもらう必要があります。

用語の解説

執行文：強制執行を実施するために債務名義の正本に付してもらう文書。

条件成就執行文：債務名義に表示されている請求権が例えば不確定期限付きであった場合など、請求が債権者の証明すべき事実の到来に係る場合に、債権者がその事実の到来したことを証する文書を提出したときに限り付される執行文（民事執行法27条1項）。

承継執行文：債務名義に表示された当事者以外の者を債権者又は債務者とする場合に、その者に対し、又はその者のために強制執行をすることが裁判所書記官若しくは公証人に明白であるとき、又は債権者がそのことを証する文書を提出したときに限り付される執行文（民事執行法27条2項）。

条文

民事執行法22条　（債務名義）

　強制執行は、次に掲げるもの（以下「債務名義」という。）により行う。

1　確定判決
2　仮執行の宣言を付した判決
3　抗告によらなければ不服を申し立てることができない裁判（確定しなければその効力を生じない裁判にあつては、確定したものに限る。）
3の2　仮執行の宣言を付した損害賠償命令
4　仮執行の宣言を付した支払督促
4の2　訴訟費用、和解の費用若しくは非訟事件（他の法令の規定により非訟事件手続法（平成23年法律第51号）の規定を準用することとされる事件を含む。）若しくは家事事件の手続の費用の負担の額を定める裁判所書記官の処分又は第42条第4項に規定する執行費用及び返還すべき金銭の額を定める裁判所書記官の処分（後者の処分にあつては、確定したものに限る。）
5　金銭の一定の額の支払又はその他の代替物若しくは有価証券の一定の数量の給付を目的とする請求について公証人が作成した公正証書で、債務者が直ちに強制執行に服する旨の陳述が記載されているもの（以下「執行証書」という。）
6　確定した執行判決のある外国裁判所の判決
6の2　確定した執行決定のある仲裁判断
7　確定判決と同一の効力を有するもの（第3号に掲げる裁判を除く。）

民事執行法25条　（強制執行の実施）

　強制執行は、執行文の付された債務名義の正本に基づいて実施する。ただし、少額訴訟における確定判決又は仮執行の宣言を付した少額訴訟の判決若しくは支払督促により、これに表示された当事者に対し、又はその者のためにする強制執行は、その正本に基づいて実施する。

民事執行法26条　（執行文の付与）

1　執行文は、申立てにより、執行証書以外の債務名義については事件の記録の存する

裁判所の裁判所書記官が、執行証書についてはその原本を保存する公証人が付与する。

2 執行文の付与は、債権者が債務者に対しその債務名義により強制執行をすることができる場合に、その旨を債務名義の正本の末尾に付記する方法により行う。

民事執行法27条

1 請求が債権者の証明すべき事実の到来に係る場合においては、執行文は、債権者がその事実の到来したことを証する文書を提出したときに限り、付与することができる。

2 債務名義に表示された当事者以外の者を債権者又は債務者とする執行文は、その者に対し、又はその者のために強制執行をすることができることが裁判所書記官若しくは公証人に明白であるとき、又は債権者がそのことを証する文書を提出したときに限り、付与することができる。

3 執行文は、債務名義について次に掲げる事由のいずれかがあり、かつ、当該債務名義に基づく不動産の引渡し又は明渡しの強制執行をする前に当該不動産を占有する者を特定することを困難とする特別の事情がある場合において、債権者がこれらを証する文書を提出したときに限り、債務者を特定しないで、付与することができる。

  1 債務名義が不動産の引渡し又は明渡しの請求権を表示したものであり、これを本案とする占有移転禁止の仮処分命令（民事保全法（平成元年法律第91号）第25条の2第1項 に規定する占有移転禁止の仮処分命令をいう。）が執行され、かつ、同法第62条第1項の規定により当該不動産を占有する者に対して当該債務名義に基づく引渡し又は明渡しの強制執行をすることができるものであること。

  2 債務名義が強制競売の手続（担保権の実行としての競売の手続を含む。以下この号において同じ。）における第83条第1項本文（第188条において準用する場合を含む。）の規定による命令（以下「引渡命令」という。）であり、当該強制競売の手続において当該引渡命令の引渡義務者に対し次のイからハまでのいずれかの保全処分及び公示保全処分（第55条第1項に規定する公示保全処分をいう。以下この項において同じ。）が執行され、かつ、第83条の2第1項（第187条第5項又は第188条において準用する場合を含む。）の規定により当該不動産を占有する者に対して当該引渡命令に基づく引渡しの強制執行をすることができるものであること。

    イ 第55条第1項第3号（第188条において準用する場合を含む。）に掲げる保全処分及び公示保全処分

    ロ 第77条第1項第3号（第188条において準用する場合を含む。）に掲げる保全処分及び公示保全処分

    ハ 第187条第1項に規定する保全処分又は公示保全処分（第55条第1項第3号に掲げるものに限る。）

4 前項の執行文の付された債務名義の正本に基づく強制執行は、当該執行文の付与の日から4週間を経過する前であつて、当該強制執行において不動産の占有を解く際にその占有者を特定することができる場合に限り、することができる。

5 第3項の規定により付与された執行文については、前項の規定により当該執行文の付された債務名義の正本に基づく強制執行がされたときは、当該強制執行によつて当該不動産の占有を解かれた者が、債務者となる。

2

8 強制執行を止めたい！取消したい！

強制執行の停止と取消し

Aさんから起こされた貸金訴訟で負けたんだけど、そのままにしておいたら強制執行された

早く借金を支払って強制執行をやめてもらえば……

判決で負けたら強制執行された！　強制執行を止めたい

　BさんはAさんから貸金訴訟を提起されたのですが、判決で負けてしまいました。判決が下されてもBさんは借入金を弁済しないでいたら、AさんはBさんが所有している不動産に強制執行してきました。

　Bさんは借入金を返せば強制執行は止まるのでしょうか。

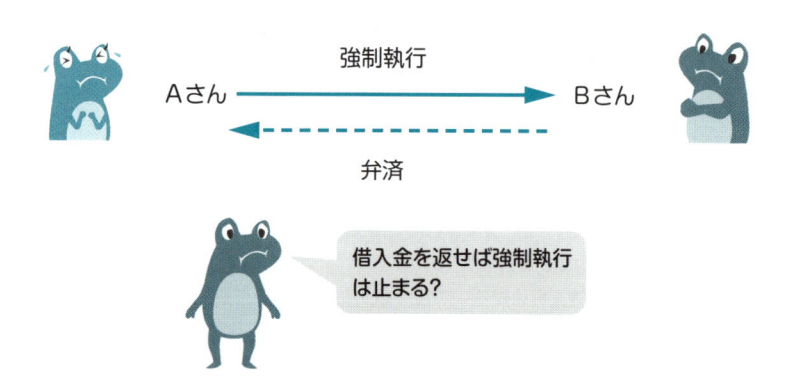

問題のツボ〜強制執行の停止・取消し

強制執行の停止とは、法律上の理由により強制執行が進まなくなることです。民事執行法39条1項は、同項に規定されている文書が執行機関に提出されると強制執行は停止されると規定しています。

BさんはAさんに借入金を弁済する考えがあるようですから、弁済をして弁済があった旨が記載された文書を執行機関に提出すれば、強制執行は停止されます（民事執行法39条1項8号）。

しかし、強制執行の手続が進んでいて売却の実施の終了後に弁済を受けた旨を記載した文書を提出した場合には、売却許可決定が取り消されるなどの事情がない限り、強制執行は停止されません（民事執行法72条3項）。

また、弁済を受けた旨を記載した文書の提出では、強制執行は4週間しか停止しません（民事執行法39条2項）。

そこで、Bさんは、請求異議の訴えを提起し（民事執行法35条）、民事執行法36条1項に基づいて執行停止の仮処分決定を得て、この仮処分決定を執行裁判所に提出して引き続き強制執行を停止する必要があります（民事執行法39条1項7号）。

そして、請求異議訴訟で勝訴すれば、強制執行は取り消されます（民事執行法40条1項、39条1項1号）。

問題解決のコツ

強制執行の取消しとは、すでにした執行処分を取り消すことです。

民事執行法39条1項の1号から6号までの文書が執行機関に提出されると強制執行は取り消されます（民事執行法40条1項）。

また、不動産に対する強制執行で不動産が滅失その他売却による移転を妨げる事由が明らかになった場合（民事執行法53条）や、不動産の売却基準価額が低額なために配当が見込めない場合（民事執行法63条2項3項）にも、強制執行は取り消されます。

用語の解説

強制執行の停止：法律上の理由により強制執行が進まなくなること（民事執行法39条）。
強制執行の取消し：すでにした執行処分を取り消すこと（民事執行法40条）。

条文

民事執行法35条 （請求異議の訴え）

1 債務名義（第22条第2号、第3号の2又は第4号に掲げる債務名義で確定前のものを除く。以下この項において同じ。）に係る請求権の存在又は内容について異議のある債務者は、その債務名義による強制執行の不許を求めるために、請求異議の訴えを提起することができる。裁判以外の債務名義の成立について異議のある債務者も、同様とする。

2 確定判決についての異議の事由は、口頭弁論の終結後に生じたものに限る。

3 第33条第2項及び前条第2項の規定は、第1項の訴えについて準用する。

民事執行法36条 （執行文付与に対する異議の訴え等に係る執行停止の裁判）

1 執行文付与に対する異議の訴え又は請求異議の訴えの提起があつた場合において、異議のため主張した事情が法律上理由があるとみえ、かつ、事実上の点について疎明があつたときは、受訴裁判所は、申立てにより、終局判決において次条第1項の裁判をするまでの間、担保を立てさせ、若しくは立てさせないで強制執行の停止を命じ、又はこれとともに、担保を立てさせて強制執行の続行を命じ、若しくは担保を立てさせて既にした執行処分の取消しを命ずることができる。急迫の事情があるときは、裁判長も、これらの処分を命ずることができる。

2 前項の申立てについての裁判は、口頭弁論を経ないですることができる。

3 第1項に規定する事由がある場合において、急迫の事情があるときは、執行裁判所は、申立てにより、同項の規定による裁判の正本を提出すべき期間を定めて、同項に規定する処分を命ずることができる。この裁判は、執行文付与に対する異議の訴え又は請求異議の訴えの提起前においても、することができる。

4 前項の規定により定められた期間を経過したとき、又はその期間内に第1項の規定による裁判が執行裁判所若しくは執行官に提出されたときは、前項の裁判は、その効力を失う。

5 第1項又は第3項の申立てについての裁判に対しては、不服を申し立てることができない。

民事執行法39条 （強制執行の停止）

1 強制執行は、次に掲げる文書の提出があつたときは、停止しなければならない。

1 債務名義（執行証書を除く。）若しくは仮執行の宣言を取り消す旨又は強制執行を許さない旨を記載した執行力のある裁判の正本

2 債務名義に係る和解、認諾、調停又は労働審判の効力がないことを宣言する確定判決の正本

3 第22条第2号から第4号の2までに掲げる債務名義が訴えの取下げその他の事由により効力を失つたことを証する調書の正本その他の裁判所書記官の作成した文書

4 強制執行をしない旨又はその申立てを取り下げる旨を記載した裁判上の和解若しくは調停の調書の正本又は労働審判法（平成16年法律第45号）第21条第4項の規定により裁判上の和解と同一の効力を有する労働審判の審判書若しくは同法第20条第7項の調書の正本

5 強制執行を免れるための担保を立てたことを証する文書

6 強制執行の停止及び執行処分の取消しを命ずる旨を記載した裁判の正本

7 強制執行の一時の停止を命ずる旨を記載した裁判の正本

8　債権者が、債務名義の成立後に、弁済を受け、又は弁済の猶予を承諾した旨を記
　　　載した文書
　2　前項第8号に掲げる文書のうち弁済を受けた旨を記載した文書の提出による強制執
　　行の停止は、4週間に限るものとする。
　3　第1項第8号に掲げる文書のうち弁済の猶予を承諾した旨を記載した文書の提出に
　　よる強制執行の停止は、2回に限り、かつ、通じて6月を超えることができない。

民事執行法40条　（執行処分の取消し）
　1　前条第1項第1号から第6号までに掲げる文書が提出されたときは、執行裁判所又
　　は執行官は、既にした執行処分をも取り消さなければならない。
　2　第12条の規定は、前項の規定により執行処分を取り消す場合については適用しな
　　い。

民事執行法53条　（不動産の滅失等による強制競売の手続の取消し）
　　不動産の滅失その他売却による不動産の移転を妨げる事情が明らかとなつたとき
　　は、執行裁判所は、強制競売の手続を取り消さなければならない。

民事執行法63条　（剰余を生ずる見込みのない場合等の措置）
　1　執行裁判所は、次の各号のいずれかに該当すると認めるときは、その旨を差押債権
　　者（最初の強制競売の開始決定に係る差押債権者をいう。ただし、第47条第6項の
　　規定により手続を続行する旨の裁判があつたときは、その裁判を受けた差押債権者
　　をいう。以下この条において同じ。）に通知しなければならない。
　　1　差押債権者の債権に優先する債権（以下この条において「優先債権」という。）が
　　　ない場合において、不動産の買受可能価額が執行費用のうち共益費用であるも
　　　の（以下「手続費用」という。）の見込額を超えないとき。
　　2　優先債権がある場合において、不動産の買受可能価額が手続費用及び優先債権
　　　の見込額の合計額に満たないとき。
　2　差押債権者が、前項の規定による通知を受けた日から1週間以内に、優先債権がな
　　い場合にあつては手続費用の見込額を超える額、優先債権がある場合にあつては手
　　続費用及び優先債権の見込額の合計額以上の額（以下この項において「申出額」と
　　いう。）を定めて、次の各号に掲げる区分に応じ、それぞれ当該各号に定める申出及
　　び保証の提供をしないときは、執行裁判所は、差押債権者の申立てに係る強制競売
　　の手続を取り消さなければならない。ただし、差押債権者が、その期間内に、前項各
　　号のいずれにも該当しないことを証明したとき、又は同項第2号に該当する場合で
　　あつて不動産の買受可能価額が手続費用の見込額を超える場合において、不動産の
　　売却について優先債権を有する者（買受可能価額で自己の優先債権の全部の弁済を
　　受けることができる見込みがある者を除く。）の同意を得たことを証明したときは、
　　この限りでない。
　　1　差押債権者が不動産の買受人になることができる場合
　　　　申出額に達する買受けの申出がないときは、自ら申出額で不動産を買い受け
　　　る旨の申出及び申出額に相当する保証の提供
　　2　差押債権者が不動産の買受人になることができない場合
　　　　買受けの申出の額が申出額に達しないときは、申出額と買受けの申出の額と
　　　の差額を負担する旨の申出及び申出額と買受可能価額との差額に相当する保
　　　証の提供
　3　前項第2号の申出及び保証の提供があつた場合において、買受可能価額以上の額の
　　買受けの申出がないときは、執行裁判所は、差押債権者の申立てに係る強制競売の

2

手続を取り消さなければならない。

　4　第2項の保証の提供は、執行裁判所に対し、最高裁判所規則で定める方法により行わなければならない。

民事執行法72条（売却の実施の終了後に執行停止の裁判等の提出があつた場合の措置）

　1　売却の実施の終了から売却決定期日の終了までの間に第39条第1項第7号に掲げる文書の提出があつた場合には、執行裁判所は、他の事由により売却不許可決定をするときを除き、売却決定期日を開くことができない。この場合においては、最高価買受申出人又は次順位買受申出人は、執行裁判所に対し、買受けの申出を取り消すことができる。

　2　売却決定期日の終了後に前項に規定する文書の提出があつた場合には、その期日にされた売却許可決定が取り消され、若しくは効力を失つたとき、又はその期日にされた売却不許可決定が確定したときに限り、第39条の規定を適用する。

　3　売却の実施の終了後に第39条第1項第8号に掲げる文書の提出があつた場合には、その売却に係る売却許可決定が取り消され、若しくは効力を失つたとき、又はその売却に係る売却不許可決定が確定したときに限り、同条の規定を適用する。

コラム

強制執行の申立ての取下げ

　強制執行を申し立てた債権者は、申立てを取り下げることができます（民事執行法20条による民事訴訟法261条1項の準用）。

　強制執行の申立てを取り下げる理由はいろいろあるわけですが、債権者と債務者が和解して債務者が債務を弁済したことを確認したうえで取り下げることもありますし、債権者がこれ以上強制執行の手続を進めても無駄であると考えて取り下げることもあります。

　ただし、債権者はいつでも取下げができるわけではなく、債権者は買受申出があるまでは自由に取り下げることができますが、買受申出がなされると、最高価買受申出人又は買受人及び次順位買受申出人の同意がなければ取り下げることができません（民事執行法76条1項本文）。

　債権者が有効に申立てを取り下げると、強制執行の手続は終了し、差押えの登記は抹消されます（民事執行法54条）。

民事訴訟法261条　（訴えの取下げ）

1　訴えは、判決が確定するまで、その全部又は一部を取り下げることができる。

2　訴えの取下げは、相手方が本案について準備書面を提出し、弁論準備手続において申述をし、又は口頭弁論をした後にあっては、相手方の同意を得なければ、その効力を生じない。ただし、本訴の取下げがあった場合における反訴の取下げについては、この限りでない。

3　訴えの取下げは、書面でしなければならない。ただし、口頭弁論、弁論準備手続又は和解の期日（以下この章において「口頭弁論等の期日」という。）においては、口頭ですることを妨げない。

4　第2項本文の場合において、訴えの取下げが書面でされたときはその書面を、訴えの取下げが口頭弁論等の期日において口頭でされたとき（相手方がその期日に出頭したときを除く。）はその期日の調書の謄本を相手方に送達しなければならない。

5　訴えの取下げの書面の送達を受けた日から2週間以内に相手方が異議を述べないときは、訴えの取下げに同意したものとみなす。訴えの取下げが口頭弁論等の期日において口頭でされた場合において、相手方がその期日に出頭したときは訴えの取下げがあった日から、相手方がその期日に出頭しなかったときは前項の謄本の送達があった日から2週間以内に相手方が異議を述べないときも、同様とする。

民事執行法20条　（民事訴訟法の準用）

　特別の定めがある場合を除き、民事執行の手続に関しては、民事訴訟法の規定を準用する。

民事執行法54条　（差押えの登記の抹消の嘱託）

1　強制競売の申立てが取り下げられたとき、又は強制競売の手続を取り消す決定が効力を生じたときは、裁判所書記官は、その開始決定に係る差押えの登記の抹消を嘱託しなければならない。

2　前項の規定による嘱託に要する登録免許税その他の費用は、その取下げ又は取消決定に係る差押債権者の負担とする。

民事執行法76条　（買受けの申出後の強制競売の申立ての取下げ等）

1　買受けの申出があつた後に強制競売の申立てを取り下げるには、最高価買受申出人又は買受人及び次順位買受申出人の同意を得なければならない。ただし、他に差押債権者（配当要求の終期後に強制競売又は競売の申立てをした差押債権者を除く。）がある場合において、取下げにより第62条第1項第2号に掲げる事項について変更が生じないときは、この限りでない。

2　前項の規定は、買受けの申出があつた後に第39条第1項第4号又は第5号に掲げる文書を提出する場合について準用する。

9 債務者の不動産に 強制執行するには……

不動産執行の方法～強制競売と強制管理

Bさんに対して貸金300万円の勝訴判決が確定したから、これからBさんの不動産に強制執行するんだ

Bさんの不動産からどのようにして貸金を回収することになるの？

不動産に強制執行するにはどのような方法がある？

　Aさんは Bさんに300万円の貸金訴訟を提起して勝訴判決を得て、その判決が確定しました。いよいよ Bさんの不動産に対して強制執行しようと考えています。

　でも、不動産に対する強制執行はどのようにして貸金を回収するのでしょうか。

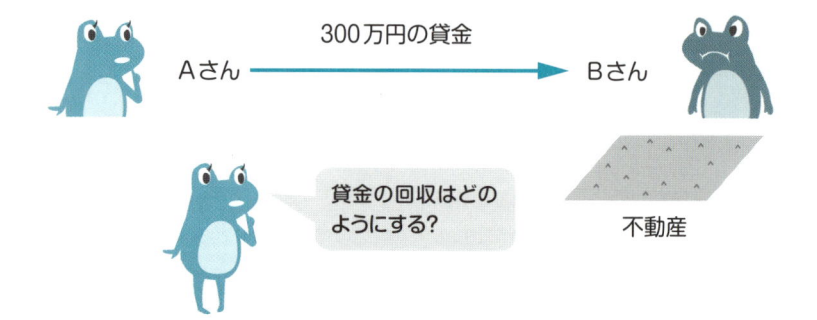

300万円の貸金

Aさん ⟶ Bさん

貸金の回収はどのようにする？

不動産

問題のツボ～金銭執行

　300万円の貸金債権は、金銭の支払いを目的とする債権であり、金銭の支払いを目的とする債権についての強制執行は、**金銭執行**といわれています。

　金銭執行は、民事執行法第2章（強制執行）の中の第2節に規定されています。金銭執行は、その対象物に着目して、不動産に対する強制執行（**不動産執行**、45条～111条）、船舶に対する強制執行（**船舶執行**、112条～121条）、動産に対する強制執行（**動産執行**、122条～142条）、債権に対する強制執行（**債権執行**、143条～166条）、その他の財産権に対する強制執行（167条）に分けられます。

　AさんはBさんの不動産に対して強制執行をしようと考えていますから不動産執行になるわけですが、不動産執行の方法には、①**強制競売**と②**強制管理**があります（民事執行法43条）。

　不動産は財産的にも価値があり、またその名のとおり動かない財産であって動産と違い把握もしやすいので、民事執行の中でも不動産に対する強制競売と抵当権の実行としての担保不動産競売（民事執行法180条）が多く行われています。

問題解決のコツ

　不動産執行における**強制競売**とは、目的不動産を差押さえて換価（売却）し、その代金をもって債権者に配当等する手続です（民事執行法45条～92条）。強制競売は、①差押え（民事執行法45条1項、46条）→②換価、→③配当等（民事執行法84条以下）という流れに従って手続きが進行していきます。

　これに対し、**強制管理**とは、目的不動産を差押さえてその不動産からの収益を獲得してその収益を配当等する手続です（民事執行法93条～111条）。強制管理は、①差押え（民事執行法93条1項）、→②管理（民事執行法94条以下）→③配当等（民事執行法107条以下）という流れに従って手続きが進行していきます。

用語の解説

金銭執行：金銭の支払いを目的とする債権についての強制執行。
不動産執行：不動産に対する強制執行。
強制競売：目的不動産を差押さえて換価（売却）し、その代金をもって債権者に配当等する手続。
強制管理：目的不動産を差押さえてその不動産の収益を獲得してその収益を配当等する手続。

民事執行法43条 （不動産執行の方法）

1　不動産（登記することができない土地の定着物を除く。以下この節において同じ。）に対する強制執行（以下「不動産執行」という。）は、強制競売又は強制管理の方法により行う。これらの方法は、併用することができる。

2　金銭の支払を目的とする債権についての強制執行については、不動産の共有持分、登記された地上権及び永小作権並びにこれらの権利の共有持分は、不動産とみなす。

民事執行法45条 （開始決定等）

1　執行裁判所は、強制競売の手続を開始するには、強制競売の開始決定をし、その開始決定において、債権者のために不動産を差し押さえる旨を宣言しなければならない。

2　前項の開始決定は、債務者に送達しなければならない。

3　強制競売の申立てを却下する裁判に対しては、執行抗告をすることができる。

民事執行法93条 （開始決定等）

1　執行裁判所は、強制管理の手続を開始するには、強制管理の開始決定をし、その開始決定において、債権者のために不動産を差し押さえる旨を宣言し、かつ、債務者に対し収益の処分を禁止し、及び債務者が賃貸料の請求権その他の当該不動産の収益に係る給付を求める権利（以下「給付請求権」という。）を有するときは、債務者に対して当該給付をする義務を負う者（以下「給付義務者」という。）に対しその給付の目的物を管理人に交付すべき旨を命じなければならない。

2　前項の収益は、後に収穫すべき天然果実及び既に弁済期が到来し、又は後に弁済期が到来すべき法定果実とする。

3　第1項の開始決定は、債務者及び給付義務者に送達しなければならない。

4　給付義務者に対する第1項の開始決定の効力は、開始決定が当該給付義務者に送達された時に生ずる。

5　強制管理の申立てについての裁判に対しては、執行抗告をすることができる。

10 強制競売を申し立てた！手続きはどう進むの？

強制競売の手続の流れ

Ｂさんに対する300万円の貸金を回収しようと思って、Ｂさんの不動産に強制競売を申し立てた

これから手続はどうなっていくの？

2

強制競売はどう進むの？

　Ａさんはさんに対する300万円の貸金を回収するためにＢさんの不動産に対して強制競売を申し立てました。

　これから強制競売の手続はどのように進んでいくのでしょうか。

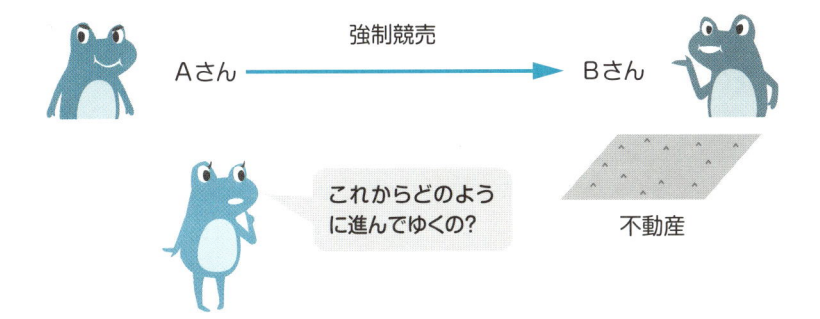

強制競売
Ａさん ──────→ Ｂさん

これからどのように進んでゆくの？

不動産

問題のツボ〜強制競売

不動産執行における**強制競売**とは、目的不動産を差押さえて換価（売却）し、その代金をもって債権者に配当等する手続です（民事執行法45条〜92条）。

強制競売の管轄裁判所は、その不動産の所在地を管轄する地方裁判所です（民事執行法44条1項）。

強制競売は、大きく分けて、①差押え（民事執行法45条1項、46条）→②換価→③配当等（民事執行法84条以下）という手続で進められていきます。

問題解決のコツ

①**差押え**とは、差押え対象物の処分を禁止する裁判所の命令です。例えば、差押えの効力が生じた後に債務者がその対象不動産を売却しても、債務者と買主の間では売買は有効なのですが、買主は売買による所有権の取得をその強制執行手続に参加するすべての債権者に対抗することはできません。

強制競売においては、開始決定において差押えが宣言され（民事執行法45条1項）、裁判所書記官が差押えの登記を嘱託します（民事執行法48条）。

②**換価**とは、強制競売の対象になっている不動産を売却してその売却代金を執行裁判所に納付させることです。

換価の手続は、換価の準備手続と売却の実施手続に分けられます。

換価の準備手続は、執行官に不動産の現況を調査させて現況調査報告書を提出させ（民事執行法57条）、評価人に不動産の価額を評価させて評価書を提出させ（民事執行法58条）、裁判所書記官に不動産の権利関係を調査させて物件明細書を作成させて（民事執行法62条）、これらの書面を一般に公開して不動産に関する情報を提供し、また、内覧（民事執行法64条の2）を行って不動産の在り様を見てもらったりします。

売却の実施手続では、通常は期間入札によって入札させ（民事執行法64条）、買受の申出があると執行裁判所は売却許可決定期日を開き（民事執行法69条）、売却許可決定があると買受人は執行裁判所に代金を納付して（民事執行法78条）、不動産の所有権を取得します（民事執行法79条）。

③**配当等**とは、買受人が納付した代金を所定の債権者に分配することです。

執行裁判所は配当表を作成し、配当表に基づいて配当を実施します（民事執行法84条〜87条）。

▼不動産強制競売の手続の流れ

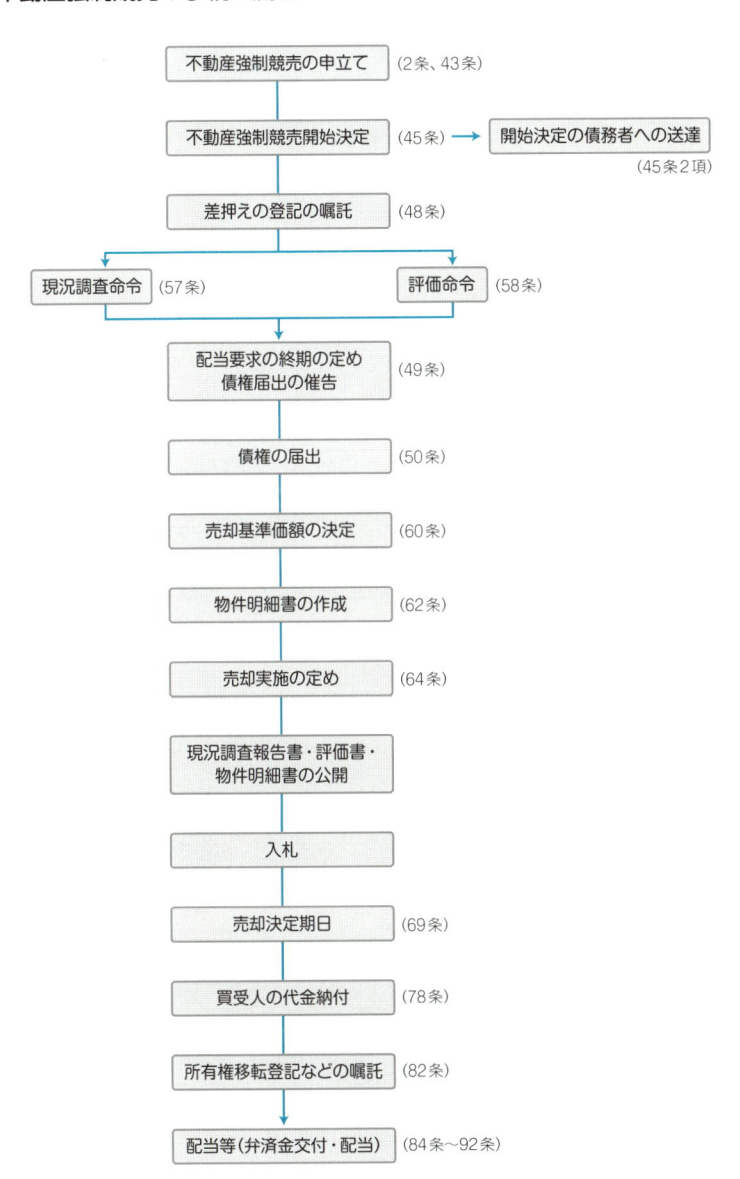

不動産強制競売の申立て (2条、43条)

不動産強制競売開始決定 (45条) → 開始決定の債務者への送達 (45条2項)

差押えの登記の嘱託 (48条)

現況調査命令 (57条)　　評価命令 (58条)

配当要求の終期の定め
債権届出の催告 (49条)

債権の届出 (50条)

売却基準価額の決定 (60条)

物件明細書の作成 (62条)

売却実施の定め (64条)

現況調査報告書・評価書・
物件明細書の公開

入札

売却決定期日 (69条)

買受人の代金納付 (78条)

所有権移転登記などの嘱託 (82条)

配当等（弁済金交付・配当） (84条〜92条)

※上記条文は民事執行法

2

強制競売：目的不動産を差押さえて換価（売却）し、その代金をもって債権者に配当等する手続。

差押え：差押え対象物の処分を禁止する裁判所の命令。

換価：強制競売の対象になっている不動産を売却してその売却代金を執行裁判所に納付させること。

配当等：買受人が納付した代金を所定の債権者に分配すること。

条文

民事執行法44条　（執行裁判所）

1　不動産執行については、その所在地（前条第2項の規定により不動産とみなされるものにあつては、その登記をすべき地）を管轄する地方裁判所が、執行裁判所として管轄する。

2　建物が数個の地方裁判所の管轄区域にまたがつて存在する場合には、その建物に対する強制執行については建物の存する土地の所在地を管轄する各地方裁判所が、その土地に対する強制執行については土地の所在地を管轄する地方裁判所又は建物に対する強制執行の申立てを受けた地方裁判所が、執行裁判所として管轄する。

3　前項の場合において、執行裁判所は、必要があると認めるときは、事件を他の管轄裁判所に移送することができる。

4　前項の規定による決定に対しては、不服を申し立てることができない。

民事執行法45条　（開始決定等）

1　執行裁判所は、強制競売の手続を開始するには、強制競売の開始決定をし、その開始決定において、債権者のために不動産を差し押さえる旨を宣言しなければならない。

2　前項の開始決定は、債務者に送達しなければならない。

3　強制競売の申立てを却下する裁判に対しては、執行抗告をすることができる。

民事執行法46条　（差押えの効力）

1　差押えの効力は、強制競売の開始決定が債務者に送達された時に生ずる。ただし、差押えの登記がその開始決定の送達前にされたときは、登記がされた時に生ずる。

2　差押えは、債務者が通常の用法に従つて不動産を使用し、又は収益することを妨げない。

民事執行法48条　（差押えの登記の嘱託等）

1　強制競売の開始決定がされたときは、裁判所書記官は、直ちに、その開始決定に係る差押えの登記を嘱託しなければならない。

2　登記官は、前項の規定による嘱託に基づいて差押えの登記をしたときは、その登記事項証明書を執行裁判所に送付しなければならない。

民事執行法57条　（現況調査）

1　執行裁判所は、執行官に対し、不動産の形状、占有関係その他の現況について調査を命じなければならない。

2　執行官は、前項の調査をするに際し、不動産に立ち入り、又は債務者若しくはその

不動産を占有する第三者に対し、質問をし、若しくは文書の提示を求めることができる。

3 執行官は、前項の規定により不動産に立ち入る場合において、必要があるときは、閉鎖した戸を開くため必要な処分をすることができる。

4 執行官は、第1項の調査のため必要がある場合には、市町村（特別区の存する区域にあつては、都）に対し、不動産（不動産が土地である場合にはその上にある建物を、不動産が建物である場合にはその敷地を含む。）に対して課される固定資産税に関して保有する図面その他の資料の写しの交付を請求することができる。

5 執行官は、前項に規定する場合には、電気、ガス又は水道水の供給その他これらに類する継続的給付を行う公益事業を営む法人に対し、必要な事項の報告を求めることができる。

民事執行法58条 （評価）

1 執行裁判所は、評価人を選任し、不動産の評価を命じなければならない。

2 評価人は、近傍同種の不動産の取引価格、不動産から生ずべき収益、不動産の原価その他の不動産の価格形成上の事情を適切に勘案して、遅滞なく、評価をしなければならない。この場合において、評価人は、強制競売の手続において不動産の売却を実施するための評価であることを考慮しなければならない。

3 評価人は、第6条第2項の規定により執行官に対し援助を求めるには、執行裁判所の許可を受けなければならない。

4 第18条第2項並びに前条第2項、第4項及び第5項の規定は、評価人が評価をする場合について準用する。

民事執行法62条 （物件明細書）

1 裁判所書記官は、次に掲げる事項を記載した物件明細書を作成しなければならない。
    1 不動産の表示
    2 不動産に係る権利の取得及び仮処分の執行で売却によりその効力を失わないもの
    3 売却により設定されたものとみなされる地上権の概要

2 裁判所書記官は、前項の物件明細書の写しを執行裁判所に備え置いて一般の閲覧に供し、又は不特定多数の者が当該物件明細書の内容の提供を受けることができるものとして最高裁判所規則で定める措置を講じなければならない。

3 前2項の規定による裁判所書記官の処分に対しては、執行裁判所に異議を申し立てることができる。

4 第10条第6項前段及び第9項の規定は、前項の規定による異議の申立てがあつた場合について準用する。

民事執行法64条の2 （内覧）

1 執行裁判所は、差押債権者（配当要求の終期後に強制競売又は競売の申立てをした差押債権者を除く。）の申立てがあるときは、執行官に対し、内覧（不動産の買受けを希望する者をこれに立ち入らせて見学させることをいう。以下この条において同じ。）の実施を命じなければならない。ただし、当該不動産の占有者の占有の権原が差押債権者、仮差押債権者及び第59条第1項の規定により消滅する権利を有する者に対抗することができる場合で当該占有者が同意しないときは、この限りでない。

2 前項の申立ては、最高裁判所規則で定めるところにより、売却を実施させる旨の裁判所書記官の処分の時までにしなければならない。

3 第1項の命令を受けた執行官は、売却の実施の時までに、最高裁判所規則で定めるところにより内覧への参加の申出をした者（不動産を買い受ける資格又は能力を有しない者その他最高裁判所規則で定める事由がある者を除く。第5項及び第6項において「内覧参加者」という。）のために、内覧を実施しなければならない。

4 執行裁判所は、内覧の円滑な実施が困難であることが明らかであるときは、第1項の命令を取り消すことができる。

5 執行官は、内覧の実施に際し、自ら不動産に立ち入り、かつ、内覧参加者を不動産に立ち入らせることができる。

6 執行官は、内覧参加者であつて内覧の円滑な実施を妨げる行為をするものに対し、不動産に立ち入ることを制限し、又は不動産から退去させることができる。

民事執行法69条 （売却決定期日）

執行裁判所は、売却決定期日を開き、売却の許可又は不許可を言い渡さなければならない。

民事執行法78条 （代金の納付）

1 売却許可決定が確定したときは、買受人は、裁判所書記官の定める期限までに代金を執行裁判所に納付しなければならない。

2 買受人が買受けの申出の保証として提供した金銭及び前条第1項の規定により納付した金銭は、代金に充てる。

3 買受人が第63条第2項第1号又は第68条の2第2項の保証を金銭の納付以外の方法で提供しているときは、執行裁判所は、最高裁判所規則で定めるところによりこれを換価し、その換価代金から換価に要した費用を控除したものを代金に充てる。この場合において、換価に要した費用は、買受人の負担とする。

4 買受人は、売却代金から配当又は弁済を受けるべき債権者であるときは、売却許可決定が確定するまでに執行裁判所に申し出て、配当又は弁済を受けるべき額を差し引いて代金を配当期日又は弁済金の交付の日に納付することができる。ただし、配当期日において、買受人の受けるべき配当の額について異議の申出があつたときは、買受人は、当該配当期日から1週間以内に、異議に係る部分に相当する金銭を納付しなければならない。

5 裁判所書記官は、特に必要があると認めるときは、第1項の期限を変更することができる。

6 第1項又は前項の規定による裁判所書記官の処分に対しては、執行裁判所に異議を申し立てることができる。

7 第10条第6項前段及び第9項の規定は、前項の規定による異議の申立てがあつた場合について準用する。

民事執行法79条 （不動産の取得の時期）

買受人は、代金を納付した時に不動産を取得する。

民事執行法84条 （売却代金の配当等の実施）

1 執行裁判所は、代金の納付があつた場合には、次項に規定する場合を除き、配当表に基づいて配当を実施しなければならない。

2 債権者が一人である場合又は債権者が二人以上であつて売却代金で各債権者の債権及び執行費用の全部を弁済することができる場合には、執行裁判所は、売却代金の交付計算書を作成して、債権者に弁済金を交付し、剰余金を債務者に交付する。

3 代金の納付後に第39条第1項第1号から第6号までに掲げる文書の提出があつた

場合において、他に売却代金の配当又は弁済金の交付（以下「配当等」という。）を受けるべき債権者があるときは、執行裁判所は、その債権者のために配当等を実施しなければならない。

4 代金の納付後に第39条第1項第7号又は第8号に掲げる文書の提出があつた場合においても、執行裁判所は、配当等を実施しなければならない。

コラム

不動産強制競売の"3点セット"

　不動産強制競売において執行裁判所は、執行官に対して不動産の現況調査を命じ、評価人に対して不動産の価額の評価を命じて、執行官には現況調査報告書を、評価人には評価書を提出させます。また、裁判所書記官は不動産の権利関係を調べて物件明細書を作成します。

　これら現況調査報告書、評価書、物件明細書は3点セットといわれ、インターネット上に公開されて情報公開されており、不動産の買受希望者にとって非常に有益な情報源になっています。

11 強制競売で債務者が建物を暴力団員風の男に貸そうとしている。止めさせたい！

売却のための保全処分

建物の強制競売を申し立てたんだけど、債務者が暴力団員風の男にその建物を貸そうとしているんだ

止めさせないと買う人がいなくなってしまうよ

債務者が建物を暴力団員風の男に貸そうとしている！ 止めさせるには？

　Aさんは債務者の建物に対して強制競売を申し立てたのですが、債務者が暴力団員風の男にその建物を貸そうとしています。暴力団員風の男がその建物に住むとなったらば買受希望者は現れないだろうと心配です。

　なんとかやめさせる手立ては？

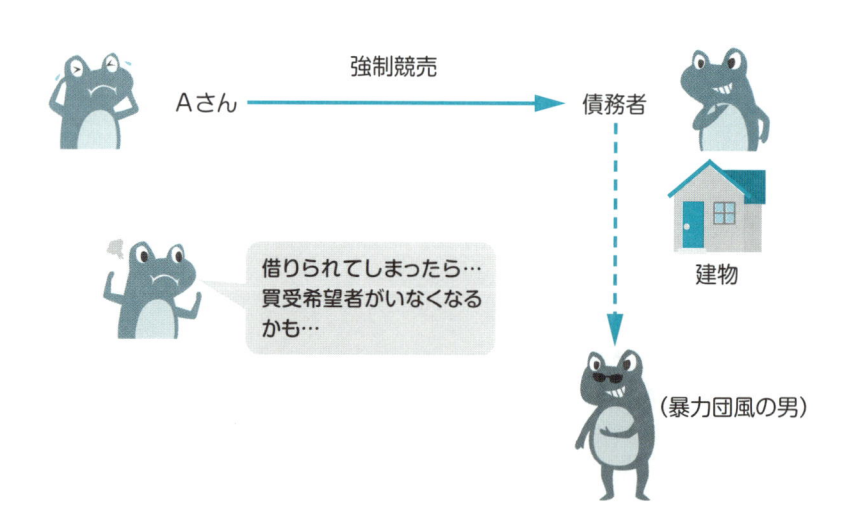

問題のツボ〜売却のための保全処分

暴力団員風の男がその建物を占有することになると建物の価格を減少させるおそれがあります。

Aさんが債務者が暴力団員風の男に建物を貸すことを阻止したり、貸してしまった後に暴力団員風の男をその建物から退去させたり、占有を執行官にさせるためには、**売却のための保全処分**を利用することが考えられます（民事執行法55条）。

売却のための保全処分を利用することにより、

①債務者と暴力団員風の男に対し、債務者と暴力団員風の男との賃貸借契約締結を禁止する保全処分（民事執行法55条1項1号）

②債務者に対し、建物に対する占有を解いて執行官に引き渡すことを命じる保全処分（民事執行法55条1項2号イ）

③債務者に対し、建物の占有を移転することを禁止し、建物の使用を許す保全処分（民事執行法55条1項3号ロ）

④暴力団員風の男がその建物を占有してしまった場合には、その男に対し、建物からの退去を命じる保全処分（民事執行法55条1項1号）や、建物に対する占有を解いて執行官に引き渡すことを命じる保全処分（民事執行法55条1項2号イ）

⑤当該保全処分の内容を公示する保全処分（民事執行法55条1項本文）

などを利用することが考えられます。

問題解決のコツ

建物の占有者が判明しない場合に、執行官保管や占有移転禁止命令等の保全命令を得ようとするときには、差押債権者は、占有者を特定しないでこれらの保全命令を発令してもらうことができます。

ただし、これらの保全命令を執行する段階で不動産の占有を解く際にその占有者を特定することができない場合には、これらの保全命令を執行することはできません（民事執行法55条の2第1項、第2項）。

売却のための保全処分：債務者又は不動産の占有者が価格減少行為をするとき
に、差押債権者の申立てに基づき、買受人が代金を納付
するまでの間、価格減少行為を禁止することなどを内
容とする保全処分（民事執行法55条）。

条文

民事執行法55条　（売却のための保全処分等）

1　執行裁判所は、債務者又は不動産の占有者が価格減少行為（不動産の価格を減少さ
せ、又は減少させるおそれがある行為をいう。以下この項において同じ。）をすると
きは、差押債権者（配当要求の終期後に強制競売又は競売の申立てをした差押債権
者を除く。）の申立てにより、買受人が代金を納付するまでの間、次に掲げる保全処
分又は公示保全処分（執行官に、当該保全処分の内容を、不動産の所在する場所に
公示書その他の標識を掲示する方法により公示させることを内容とする保全処分
をいう。以下同じ。）を命ずることができる。ただし、当該価格減少行為による不動
産の価格の減少又はそのおそれの程度が軽微であるときは、この限りでない。

　1　当該価格減少行為をする者に対し、当該価格減少行為を禁止し、又は一定の行為
をすることを命ずる保全処分（執行裁判所が必要があると認めるときは、公示保
全処分を含む。）

　2　次に掲げる事項を内容とする保全処分（執行裁判所が必要があると認めるとき
は、公示保全処分を含む。）

　　イ　当該価格減少行為をする者に対し、不動産に対する占有を解いて執行官に
引き渡すことを命ずること。

　　ロ　執行官に不動産の保管をさせること。

　3　次に掲げる事項を内容とする保全処分及び公示保全処分

　　イ　前号イ及びロに掲げる事項

　　ロ　前号イに規定する者に対し、不動産の占有の移転を禁止することを命じ、及
び当該不動産の使用を許すこと。

2　前項第2号又は第3号に掲げる保全処分は、次に掲げる場合のいずれかに該当する
ときでなければ、命ずることができない。

　1　前項の債務者が不動産を占有する場合

　2　前項の不動産の占有者の占有の権原が差押債権者、仮差押債権者又は第59条第
1項の規定により消滅する権利を有する者に対抗することができない場合

3　執行裁判所は、債務者以外の占有者に対し第1項の規定による決定をする場合にお
いて、必要があると認めるときは、その者を審尋しなければならない。

4　執行裁判所が第1項の規定による決定をするときは、申立人に担保を立てさせるこ
とができる。ただし、同項第2号に掲げる保全処分については、申立人に担保を立
てさせなければ、同項の規定による決定をしてはならない。

5　事情の変更があつたときは、執行裁判所は、申立てにより、第1項の規定による決
定を取り消し、又は変更することができる。

6　第1項又は前項の申立てについての裁判に対しては、執行抗告をすることができる。

7 第5項の規定による決定は、確定しなければその効力を生じない。

8 第1項第2号又は第3号に掲げる保全処分又は公示保全処分を命ずる決定は、申立人に告知された日から2週間を経過したときは、執行してはならない。

9 前項に規定する決定は、相手方に送達される前であつても、執行することができる。

10 第1項の申立て又は同項（第1号を除く。）の規定による決定の執行に要した費用（不動産の保管のために要した費用を含む。）は、その不動産に対する強制競売の手続においては、共益費用とする。

民事執行法55条の2　（相手方を特定しないで発する売却のための保全処分等）

1 前条第1項第2号又は第3号に掲げる保全処分又は公示保全処分を命ずる決定については、当該決定の執行前に相手方を特定することを困難とする特別の事情があるときは、執行裁判所は、相手方を特定しないで、これを発することができる。

2 前項の規定による決定の執行は、不動産の占有を解く際にその占有者を特定することができない場合は、することができない。

3 第1項の規定による決定の執行がされたときは、当該執行によつて不動産の占有を解かれた者が、当該決定の相手方となる。

4 第1項の規定による決定は、前条第8項の期間内にその執行がされなかつたときは、相手方に対して送達することを要しない。この場合において、第15条第2項において準用する民事訴訟法第79条第1項の規定による担保の取消しの決定で前条第4項の規定により立てさせた担保に係るものは、執行裁判所が相当と認める方法で申立人に告知することによつて、その効力を生ずる。

2

12 強制競売されている不動産の現況を知りたい！

執行官による現況調査

強制競売されている不動産を買おうか考えているんだけど、どんな物件なのか詳しく知りたい

裁判所に問い合わせてみれば……

強制競売されている不動産の現況を知るには？

　Aさんはインターネットを見ていて強制競売されている不動産を買おうか考えているのですが、その不動産が現在どんな状況なのか知りたがっています。

　どこかに良い情報はないのでしょうか。

この不動産はどんな物件?

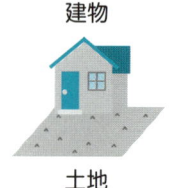
建物

土地

問題のツボ〜現況調査

　通常不動産を購入する場合には現地に行ってどんな物件なのか見てみるのが普通です。一般には不動産のような高額の物件を購入することは人生で何度もあることではありません。

　強制競売されている不動産も所在地がわかれば現地に行って周囲の状況を観察することはできます。しかし、建物の中に入ることはできませんし、人がいるのかいないのか、どんな人がいるのか、人がいるとしてどんな権利に基づいて居住しているのかなどは、なかなかわかりません。

　そこで、強制競売されている不動産については、執行裁判所は執行官に不動産の形状、占有関係その他の現況について調査するように命じます（民事執行法57条1項）。これを**現況調査命令**といいます。

問題解決のコツ

　執行官は不動産の現況を調査して現況調査報告書を作成し、執行裁判所に提出します（民事執行規則29条）。

　現況調査報告書には、土地の形状などのほか占有者の占有状況、占有の権原、建物の構造、建物の敷地の所有者、建物の占有者の占有状況、占有の権原等が記載され、また、土地や建物の見取図や写真が添付されています。

　現況調査報告書は公開されていますからだれでも閲覧することができます。

　Aさんは現況調査報告書を閲覧して詳しく見ることによって不動産の現況を知ることができます。

用語の解説

現況調査命令：執行裁判所が不動産の形状、占有関係その他の現況について調査するように執行官に命じる命令（民事執行法57条1項）。

現況調査報告書：執行裁判所の現況調査命令に基づいて執行官が作成する不動産の形状、占有関係その他の現況についての報告書（民事執行規則29条）。

条文

民事執行法57条 （現況調査）

1 執行裁判所は、執行官に対し、不動産の形状、占有関係その他の現況について調査を命じなければならない。

2 執行官は、前項の調査をするに際し、不動産に立ち入り、又は債務者若しくはその不動産を占有する第三者に対し、質問をし、若しくは文書の提示を求めることができる。

3 執行官は、前項の規定により不動産に立ち入る場合において、必要があるときは、閉鎖した戸を開くため必要な処分をすることができる。

4 執行官は、第1項の調査のため必要がある場合には、市町村（特別区の存する区域にあつては、都）に対し、不動産（不動産が土地である場合にはその上にある建物を、不動産が建物である場合にはその敷地を含む。）に対して課される固定資産税に関して保有する図面その他の資料の写しの交付を請求することができる。

5 執行官は、前項に規定する場合には、電気、ガス又は水道水の供給その他これらに類する継続的給付を行う公益事業を営む法人に対し、必要な事項の報告を求めることができる。

民事執行規則29条 （現況調査報告書）

1 執行官は、不動産の現況調査をしたときは、次に掲げる事項を記載した現況調査報告書を所定の日までに執行裁判所に提出しなければならない。

  1 事件の表示

  2 不動産の表示

  3 調査の日時、場所及び方法

  4 調査の目的物が土地であるときは、次に掲げる事項

    イ 土地の形状及び現況地目

    ロ 占有者の表示及び占有の状況

    ハ 占有者が債務者以外の者であるときは、その者の占有の開始時期、権原の有無及び権原の内容の細目についての関係人の陳述又は関係人の提示に係る文書の要旨及び執行官の意見

    ニ 土地に建物が存するときは、その建物の種類、構造、床面積の概略及び所有者の表示

  5 調査の目的物が建物であるときは、次に掲げる事項

    イ 建物の種類、構造及び床面積の概略

    ロ 前号ロ及びハに掲げる事項

    ハ 敷地の所有者の表示

    ニ 敷地の所有者が債務者以外の者であるときは、債務者の敷地に対する占有の権原の有無及び権原の内容の細目についての関係人の陳述又は関係人の提示に係る文書の要旨及び執行官の意見

  6 当該不動産について、債務者の占有を解いて執行官に保管させる仮処分が執行されているときは、その旨及び執行官が保管を開始した年月日

  7 その他執行裁判所が定めた事項

2 現況調査報告書には、調査の目的物である土地又は建物の見取図及び写真を添付しなければならない。

【不動産執行】

13 強制競売で不動産の価額は どのように決まるの？

評価人による評価

 強制競売に出ている不動産を買おうか迷っているんだ

 競売物件の価格は市場価格より安いっていうよね

 強制競売で不動産の価額はどのように決まるんだろう？

2

強制競売で不動産の価額はどのように決まるの？

　Aさんは強制競売されている不動産を買おうか迷っています。市場価格よりも安いことはわかっているのですが、強制競売で不動産の価額はどのようにして決まるのでしょうか。

問題のツボ～評価書

　執行裁判所は売却基準価額を定めるのですが（民事執行法60条1項）、その前提として評価人を選任して不動産を評価するように命じます（民事執行法58条1項）。これを**評価命令**といいます。

　執行裁判所から選任される評価人は、通常は不動産鑑定士です。

　評価人は、強制競売において不動産の売却を実施するための評価であることを考慮して（民事執行法58条2項）、取引事例比較法、収益還元法、原価法その他の評価方法を適切に用いて不動産を評価します（民事執行規則29条の2）。

　そして、評価人は不動産の評価額等を記載した**評価書**を作成して、執行裁判所に提出します（民事執行規則30条）。

　この評価書は公開され、だれでも閲覧することができます。

評価書が提出されると、執行裁判所は、評価人の評価に基づいて売却基準価額を定めます（民事執行法60条1項）。**売却基準価額**とは、不動産の売却額の基準となるべき価額です。

買受の申出額は、売却基準価額からその10分の2に相当する額を控除した額以上でなければなりません（民事執行法60条3項）。この売却基準価額からその10分の2に相当する額を控除した額のことを**買受可能価額**といいます。

このように強制競売における買受の最低ラインの価額を設定することによって不動産が買いたたかれて安価に売却されることを防止しているわけです。

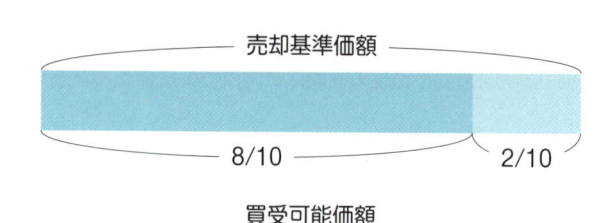

買受可能価額

極端に安く売られるってことはないんだね！

評価命令：不動産の価額を評価するために評価人に対してくだされる執行裁判所の命令（民事執行法58条1項）。

評価書：評価命令に基づいて評価人が不動産を評価した書面（民事執行規則30条）。

売却基準価額：執行裁判所が定めた不動産の売却額の基準となるべき価額（民事執行法60条1項）。

買受可能価額：売却基準価額からその10分の2に相当する額を控除した価額（民事執行法60条3項）。

民事執行法58条 （評価）

1 執行裁判所は、評価人を選任し、不動産の評価を命じなければならない。

2 評価人は、近傍同種の不動産の取引価格、不動産から生ずべき収益、不動産の原価その他の不動産の価格形成上の事情を適切に勘案して、遅滞なく、評価をしなければならない。この場合において、評価人は、強制競売の手続において不動産の売却を実施するための評価であることを考慮しなければならない。

3 評価人は、第6条第2項の規定により執行官に対し援助を求めるには、執行裁判所の許可を受けなければならない。

4 第18条第2項並びに前条第2項、第4項及び第5項の規定は、評価人が評価をする場合について準用する。

民事執行法60条 （売却基準価額の決定等）

1 執行裁判所は、評価人の評価に基づいて、不動産の売却の額の基準となるべき価額（以下「売却基準価額」という。）を定めなければならない。

2 執行裁判所は、必要があると認めるときは、売却基準価額を変更することができる。

3 買受けの申出の額は、売却基準価額からその10分の2に相当する額を控除した価額（以下「買受可能価額」という。）以上でなければならない。

民事執行規則29条の2 （評価の方法）

評価人は、評価をするに際し、不動産の所在する場所の環境、その種類、規模、構造等に応じ、取引事例比較法、収益還元法、原価法その他の評価の方法を適切に用いなければならない。

民事執行規則30条 （評価書）

1 評価人は、不動産の評価をしたときは、次に掲げる事項を記載した評価書を所定の日までに執行裁判所に提出しなければならない。

1 事件の表示

2 不動産の表示

3 不動産の評価額及び評価の年月日

4 不動産の所在する場所の環境の概要

5 評価の目的物が土地であるときは、次に掲げる事項

イ 地積

ロ 都市計画法（昭和43年法律第100号）、建築基準法（昭和25年法律第201号）その他の法令に基づく制限の有無及び内容

ハ 規準とした公示価格その他の評価の参考とした事項

6 評価の目的物が建物であるときは、その種類、構造及び床面積並びに残存耐用年数その他の評価の参考とした事項

7 評価額の算出の過程

8 その他執行裁判所が定めた事項

2 評価書には、不動産の形状を示す図面及び不動産の所在する場所の周辺の概況を示す図面を添付しなければならない。

14 強制競売で不動産に関する権利関係を知りたい！

物件明細書

強制競売に出ているマンションがあるんだけど、賃貸用に買おうかな

いいね。でも権利関係をちゃんと調べた方がいいんじゃない？

どうやって調べるの？

強制競売で不動産に関する権利関係を調べるには？

　Aさんは強制競売されているマンションを賃貸用に買うか考えています。マンションなら修繕費もそれほどかからないし、うまくゆけば賃貸して賃料収入が得られます。

　でも競売物件と聞くと何か問題があるのではないか心配です。

　不動産に関する権利関係を調べるにはどうすれば？

問題のツボ～物件明細書

　強制競売されている不動産について現地に行って現場の様子を観察したり、不動産登記簿謄本を取り寄せて権利関係を調べたり、執行官が作成した現況調査報告書を閲覧して不動産の現況を把握することができます。

　しかし、強制競売によって不動産を取得しようとする人が心配することのひとつは、自分が負担のない所有権を取得できるのか、それとも賃借権などの負担が付いた所有権を取得することになるのかということです。もし負担のついた所有権を取得することになるのであれば、代金もそれだけ安くないと納得できませんし、買い受けた後に負担が付いていたことがわかったのでは不動産の利用の予定が狂ってしまいます。

そこで、民事執行法は不動産の権利関係に関する適切な情報を提供して買受申出人に予測を与えるために裁判所書記官が**物件明細書**を作成することを規定しました（民事執行法62条）。

　物件明細書には、①不動産の表示、②買受人に引き受けられる権利や仮処分（民事執行法59条4項）、③売却により成立する法定地上権（民事執行法81条）が記載されます。また、土地の境界なども記載されるのが一般です。

　物件明細書は一般に公開され、だれでも閲覧することができます。

　Aさんは物件明細書を閲覧することによって、買い受けて引き受けることになる権利や仮処分の存否や法定地上権の情報などを得ることができます。

問題解決のコツ

　物件明細書には不動産に関する権利関係が記載されますが、物件明細書は権利関係を公証するものではありません。従って、土地の境界が実際には物件明細書の記載と違っているなどという可能性はあります。

　また、物件明細書の作成に重大な誤りがあるときには、執行裁判所は売却不許可決定をしなければならないことになっています（民事執行法71条6号）。

用語の解説

物件明細書：不動産の権利関係を明らかにするために裁判所書記官が作成する
　　　　　　書面（民事執行法62条）。

条文

民事執行法59条　（売却に伴う権利の消滅等）

1　不動産の上に存する先取特権、使用及び収益をしない旨の定めのある質権並びに抵当権は、売却により消滅する。
2　前項の規定により消滅する権利を有する者、差押債権者又は仮差押債権者に対抗することができない不動産に係る権利の取得は、売却によりその効力を失う。
3　不動産に係る差押え、仮差押えの執行及び第1項の規定により消滅する権利を有する者、差押債権者又は仮差押債権者に対抗することができない仮処分の執行は、売却によりその効力を失う。
4　不動産の上に存する留置権並びに使用及び収益をしない旨の定めのない質権で第2項の規定の適用がないものについては、買受人は、これらによつて担保される債権を弁済する責めに任ずる。
5　利害関係を有する者が次条第1項に規定する売却基準価額が定められる時までに

第1項、第2項又は前項の規定と異なる合意をした旨の届出をしたときは、売却による不動産の上の権利の変動は、その合意に従う。

民事執行法62条 （物件明細書）

1 裁判所書記官は、次に掲げる事項を記載した物件明細書を作成しなければならない。
   1 不動産の表示
   2 不動産に係る権利の取得及び仮処分の執行で売却によりその効力を失わないもの
   3 売却により設定されたものとみなされる地上権の概要

2 裁判所書記官は、前項の物件明細書の写しを執行裁判所に備え置いて一般の閲覧に供し、又は不特定多数の者が当該物件明細書の内容の提供を受けることができるものとして最高裁判所規則で定める措置を講じなければならない。

3 前2項の規定による裁判所書記官の処分に対しては、執行裁判所に異議を申し立てることができる。

4 第10条第6項前段及び第9項の規定は、前項の規定による異議の申立てがあつた場合について準用する。

民事執行法71条 （売却不許可事由）

執行裁判所は、次に掲げる事由があると認めるときは、売却不許可決定をしなければならない。

1 強制競売の手続の開始又は続行をすべきでないこと。

2 最高価買受申出人が不動産を買い受ける資格若しくは能力を有しないこと又はその代理人がその権限を有しないこと。

3 最高価買受申出人が不動産を買い受ける資格を有しない者の計算において買受けの申出をした者であること。

4 最高価買受申出人、その代理人又は自己の計算において最高価買受申出人に買受けの申出をさせた者が次のいずれかに該当すること。
   イ その強制競売の手続において第65条第1号に規定する行為をした者
   ロ その強制競売の手続において、代金の納付をしなかつた者又は自己の計算においてその者に買受けの申出をさせたことがある者
   ハ 第65条第2号又は第3号に掲げる者

5 第75条第1項の規定による売却の不許可の申出があること。

6 売却基準価額若しくは一括売却の決定、物件明細書の作成又はこれらの手続に重大な誤りがあること。

7 売却の手続に重大な誤りがあること。

民事執行法81条 （法定地上権）

土地及びその上にある建物が債務者の所有に属する場合において、その土地又は建物の差押えがあり、その売却により所有者を異にするに至つたときは、その建物について、地上権が設定されたものとみなす。この場合においては、地代は、当事者の請求により、裁判所が定める。

15 不動産についていた担保は強制競売で消えるの？残るの？

引受主義と消除主義

Aさんが B さんの不動産に強制競売を申し立てているんだけど、買おうかどうか迷っているところなんだ

もし君が買い受けたら不動産についている担保は君が引き継ぐの、それとも消えるの？

2

強制競売の買受人は不動産の負担を引き継ぐのか？

　Cさんは A さんが申し立てた不動産の強制競売事件の不動産を買い受けようか迷っています。

　心配なのはその不動産についている担保権を買い受けて引き継ぐのかどうかです。もし引き継ぐとしたら買い受けても将来その不動産を失う可能性があるわけですから買い受けることは断念するつもりです。

　不動産についている担保権などの負担はどうなるのでしょうか。

　買受人が引き継ぐのでしょうか、それとも消えるのでしょうか。

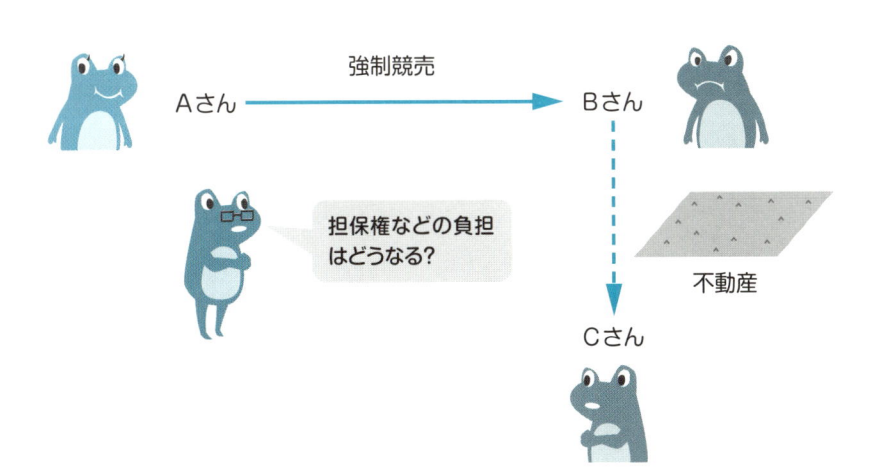

問題のツボ～引受主義と消除主義

　強制競売で買受人は執行裁判所に代金を納付した時に不動産の所有権を取得します（民事執行法79条）。

　ところで、強制競売で不動産についている担保権などの負担を買受人は引き継ぐのでしょうか。それともそれらの負担は消滅するのでしょうか。

　強制競売の申立てに基づいて執行裁判所は強制競売の開始決定をし、不動産を差押さえて（民事執行法45条）、差押えの登記を行いますが（民事執行法46条、48条）、この差押えの登記の後になされた売買、抵当権の設定、地上権の設定などは、差押債権者に対抗することができませんから、これらの売買による所有権、抵当権、地上権は強制競売の買受人に引き継がれることはありません。

　問題は、差押えの登記前に設定登記がなされていた抵当権や地上権などの差押債権者に対抗することができる権利が買受人に引き継がれるのか消滅するのかということです。

　この場合、不動産についている担保権や用益物権（地上権など）などの負担を買受人が引き継ぐという考えを**引受主義**といい、これらの負担は消滅して買受人はこれらの負担を引き受けずに負担のない所有権を取得するという考えを**消除主義**といいます。

問題解決のコツ

　民事執行法はこの問題について59条を規定することによって解決を図りました。民事執行法59条は、以下のような内容になっています。

①先取特権、使用及び収益をしない定めのある質権、抵当権 → 売却によって消滅します（1項）。

　不動産質権は通常不動産の使用及び収益をすることができますから（民法356条）、「使用及び収益をしない定めのある質権」というのは、当事者が設定行為によってその旨を約定した不動産質権です（民法359条）。

②民事執行法59条1項により消滅する権利を有する者や差押債権者や仮差押債権者に対抗することができない権利 → 売却によって消滅します（2項）。

　たとえば、抵当権設定登記がなされ、その後に地上権設定登記がなされ、その後に強制競売に基づく差押えの登記がなされたというケースでは、売却によって民事執行法59条1項に基づき抵当権が消え、2項に基づき地上権が消えます。

③差押え、仮差押えの執行及び民事執行法59条1項により消滅する権利を有する者、差押債権者、仮差押債権者に対抗することができない仮処分の執行　→　売却によって消滅します（3項）

④留置権、使用及び収益をしない定めのない質権で民事執行法59条2項の適用がないもの　→　売却によって買受人に引き継がれ、買受人はこれらの者の債権を弁済する責任があります（4項）。

そして、売却により引き継がれる権利は買受人にとって重要な情報ですから、裁判所書記官が作成する物件明細書にはその旨が記載されます（民事執行法62条1項2号）。

用語の解説

引受主義：不動産についている担保権や用益物権などの負担を買受人が引き継ぐという考え。

消除主義：不動産についている担保権や用益物権などの負担を買受人が引き継がないという考え。

条文

民法356条　（不動産質権者による使用及び収益）

不動産質権者は、質権の目的である不動産の用法に従い、その使用及び収益をすることができる。

民法359条　（設定行為に別段の定めがある場合等）

前3条の規定は、設定行為に別段の定めがあるとき、又は担保不動産収益執行（民事執行法（昭和54年法律第4号）第180条第2号に規定する担保不動産収益執行をいう。以下同じ。）の開始があったときは、適用しない。

民事執行法48条　（差押えの登記の嘱託等）

1　強制競売の開始決定がされたときは、裁判所書記官は、直ちに、その開始決定に係る差押えの登記を嘱託しなければならない。

2　登記官は、前項の規定による嘱託に基づいて差押えの登記をしたときは、その登記事項証明書を執行裁判所に送付しなければならない。

民事執行法59条　（売却に伴う権利の消滅等）

1　不動産の上に存する先取特権、使用及び収益をしない旨の定めのある質権並びに抵当権は、売却により消滅する。

2　前項の規定により消滅する権利を有する者、差押債権者又は仮差押債権者に対抗することができない不動産に係る権利の取得は、売却によりその効力を失う。

3　不動産に係る差押え、仮差押えの執行及び第1項の規定により消滅する権利を有す

る者、差押債権者又は仮差押債権者に対抗することができない仮処分の執行は、売却によりその効力を失う。

4 不動産の上に存する留置権並びに使用及び収益をしない旨の定めのない質権で第2項の規定の適用がないものについては、買受人は、これらによつて担保される債権を弁済する責めに任ずる。

5 利害関係を有する者が次条第1項に規定する売却基準価額が定められる時までに第1項、第2項又は前項の規定と異なる合意をした旨の届出をしたときは、売却による不動産の上の権利の変動は、その合意に従う。

民事執行法62条 （物件明細書）

1 裁判所書記官は、次に掲げる事項を記載した物件明細書を作成しなければならない。

　1 不動産の表示

　2 不動産に係る権利の取得及び仮処分の執行で売却によりその効力を失わないもの

　3 売却により設定されたものとみなされる地上権の概要

2 裁判所書記官は、前項の物件明細書の写しを執行裁判所に備え置いて一般の閲覧に供し、又は不特定多数の者が当該物件明細書の内容の提供を受けることができるものとして最高裁判所規則で定める措置を講じなければならない。

3 前2項の規定による裁判所書記官の処分に対しては、執行裁判所に異議を申し立てることができる。

4 第10条第6項前段及び第9項の規定は、前項の規定による異議の申立てがあつた場合について準用する。

【不動産執行】

16 強制競売されている建物の中を見てみたい！

内覧

強制競売されている建物を買おうか考えているんだけど…

建物の中を見ることはできないの？

2

強制競売されている建物の中を見ることはできる？

Ａさんは強制競売されている建物を買うことを考えています。

一般に建物を購入しようとするときには現地に行って建物の中を見学してどのような建物なのか観察するのが普通です。

強制競売されている建物も中を見ることはできるのでしょうか。

問題のツボ～内覧

執行裁判所は、差押債権者の申立てがあると執行官に対して内覧の実施を命じなければなりません（民事執行法64条の2第1項）。**内覧**とは、不動産の買受けを希望する者をこれに立ち入らせて見学させることです。

買受希望者に実際に不動産を見学してもらうことによって、買受希望者も安心して買受申出をすることができますし、強制競売の実施も促進することが期待されます。

内覧実施命令があると執行官は内覧参加者を募り、不動産の占有者に内覧を実施する日時を通知して内覧を実施します（民事執行規則51条の3）。内覧は不動産の占有者のプライバシーなどにも配慮する必要がありますから、執行官は内覧の円滑な実施を妨げる内覧参加者に対して不動産に立ち入ることを制限したり、不動産から退去させることができます（民事執行法64条の2第6項）。

問題解決のコツ

　内覧は平成15年の民事執行法の改正によって導入されたものですが、あまり利用されていないようです。

　民事執行法64条の2第1項は差押債権者の申立てを内覧の要件としていますが、買受申出予定者から内覧の希望があっても制度上内覧を実施することができないことも利用が少ない一因かもしれません。

　内覧は利用価値がある制度のように思われますが、制度の改善の必要があるかもしれません。

用語の解説

内覧：不動産の買受けを希望する者をこれに立ち入らせて見学させること。

条文

民事執行法64条の2　（内覧）

1　執行裁判所は、差押債権者（配当要求の終期後に強制競売又は競売の申立てをした差押債権者を除く。）の申立てがあるときは、執行官に対し、内覧（不動産の買受けを希望する者をこれに立ち入らせて見学させることをいう。以下この条において同じ。）の実施を命じなければならない。ただし、当該不動産の占有者の占有の権原が差押債権者、仮差押債権者及び第59条第1項の規定により消滅する権利を有する者に対抗することができる場合で当該占有者が同意しないときは、この限りでない。

2　前項の申立ては、最高裁判所規則で定めるところにより、売却を実施させる旨の裁判所書記官の処分の時までにしなければならない。

3　第1項の命令を受けた執行官は、売却の実施の時までに、最高裁判所規則で定めるところにより内覧への参加の申出をした者（不動産を買い受ける資格又は能力を有しない者その他最高裁判所規則で定める事由がある者を除く。第5項及び第6項において「内覧参加者」という。）のために、内覧を実施しなければならない。

4　執行裁判所は、内覧の円滑な実施が困難であることが明らかであるときは、第1項の命令を取り消すことができる。

5　執行官は、内覧の実施に際し、自ら不動産に立ち入り、かつ、内覧参加者を不動産に立ち入らせることができる。

6　執行官は、内覧参加者であつて内覧の円滑な実施を妨げる行為をするものに対し、不動産に立ち入ることを制限し、又は不動産から退去させることができる。

民事執行規則51条の2　（内覧実施命令）

1　法第64条の2第1項の申立ては、次に掲げる事項を記載した書面でしなければならない。

　1　申立人の氏名又は名称及び住所並びに代理人の氏名及び住所

　2　事件の表示

3　不動産の表示
　　4　不動産の占有者を特定するに足りる事項であつて、申立人に知れているもの（占有者がいないときは、その旨）
2　前項の申立ては、各回の売却の実施につき、売却を実施させる旨の裁判所書記官の処分の時までにしなければならない。
3　執行裁判所は、不動産の一部について内覧を実施すべきときは、法第64条の2第1項の命令において、内覧を実施する部分を特定しなければならない。
4　裁判所書記官は、法第64条の2第1項の命令があつたときは、知れている占有者に対し、当該命令の内容を通知しなければならない。法第64条の2第4項の規定により同条第1項の命令を取り消す旨の決定があつたときについても、同様とする。

民事執行規則51条の3　（執行官による内覧の実施）

1　執行官は、法第64条の2第1項の命令があつたときは、遅滞なく、内覧への参加の申出をすべき期間及び内覧を実施する日時を定め、これらの事項及び不動産の表示（前条第3項の場合においては、内覧を実施する部分の表示を含む。）を公告し、かつ、不動産の占有者に対して内覧を実施する日時を通知しなければならない。
2　執行官は、前項の規定により内覧への参加の申出をすべき期間を定めるに当たつては、その終期が物件明細書、現況調査報告書及び評価書の内容が公開されてから相当の期間が経過した後となるよう配慮しなければならない。
3　内覧への参加の申出は、内覧の対象となる不動産を特定するに足りる事項並びに当該不動産に立ち入る者の氏名、住所及び電話番号（ファクシミリの番号を含む。）を記載した書面により、第1項の期間内に、執行官に対してしなければならない。
4　法第64条の2第3項の最高裁判所規則で定める事由は、次に掲げるものとする。
　　1　法第71条第4号イからハまでに掲げる者のいずれかに該当すること。
　　2　前項の書面に記載した当該不動産に立ち入る者が法第71条第4号イからハまでのいずれかに該当すること。
5　執行官は、内覧を実施する場所における秩序を維持するため必要があると認めるときは、その場所に参集した者に対し、身分に関する証明を求めることができる。
6　法第64条の2第1項の申立てをした差押債権者は、執行官から資料又は情報の提供その他の内覧の円滑な実施のために必要な協力を求められたときは、できる限りこれに応じるよう努めなければならない。

17 強制競売されている別荘を買いたい！どうすればいいの？

売却の実施

強制競売されている別荘を買おうと思うんだ

どうすればいいんだろうね？

競売物件はどのようにして取得するの？

　Aさんはインターネットで競売物件を物色していましたが、良い別荘が強制競売されていたので取得しようと考えています。

　強制競売の手続の中でどのように取得すればよいのでしょうか。

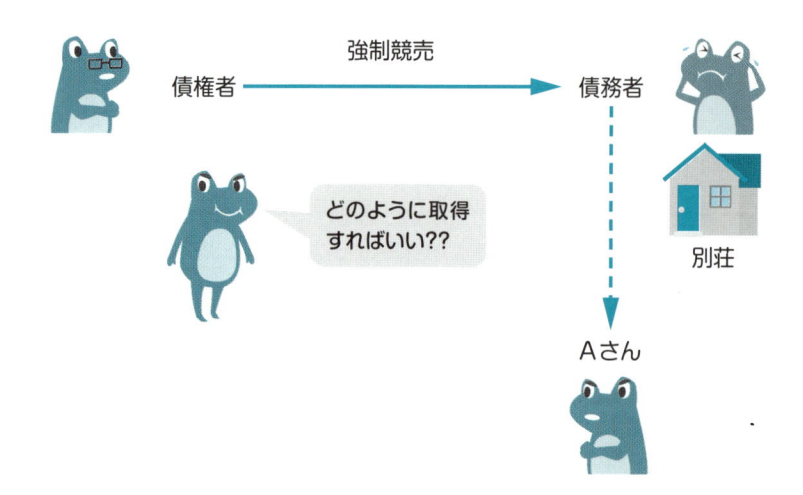

問題のツボ〜売却の実施

現在は現況調査報告書、評価書、物件明細書をインターネットで見ることができます。これらの競売物件の情報から不動産を取得する人も増えています。

強制競売における不動産の売却は、裁判所書記官の定める方法によって行われます（民事執行法64条1項）。不動産の売却方法は、入札、競り売り又は最高裁判所規則で定める方法によって行われますが（民事執行法64条2項）、通常は期間入札の方法で行われます。

そこで、裁判所書記官は、入札開始日、入札終了日、開札期日、売却決定期日を指定します（民事執行法64条4項）。

不動産を購入しようとする買受希望者は、入札を行うわけですが、入札にあたっては保証金を提供しなければなりません（民事執行法66条）。

この保証金は、入札額が最高価でなくて不動産を落札できなかった場合には返還されます。入札額が最高価であり不動産を落札した場合には、保証金は代金の一部に充当されます（民事執行法78条2項）。しかし、不動産を落札したにもかかわらず代金を納付しなかったときには、保証金は返還されず（民事執行法80条1項）、配当等の原資になります（民事執行法86条1項3号）。

開札期日には執行官が売却を実施し（民事執行法64条3項）、買受可能価額を超え（民事執行法60条3項）かつ最高価での入札者が**最高価買受申出人**として決定されます。

開札期日の後に売却決定期日が開かれ、売却の許可または不許可が言渡されます（民事執行法69条）。売却不許可事由は民事執行法71条に規定されています。

売却許可決定が確定すると、最高価買受申出人は**買受人**となります。

買受人は、定められた代金納付期限までに保証金額を控除した代金を納付することにより、不動産の所有権を取得します（民事執行法78条1項2項、79条）。

買受人が代金を納付すると、裁判所書記官は、買受人への所有権移転登記、強制競売の差押え登記の抹消登記などを法務局に嘱託します（民事執行法82条1項）。

問題解決のコツ

売却を実施しても買受けの申出がないこともあります。

3回売却を実施しても買受けの申出がなく、さらに売却を実施しても売却の見込みがないときには、強制競売が停止されることがあります（民事執行法68条の3第1項）。

この停止の措置は差押債権者に通知され、その後差押債権者が売却実施の申出をしないときには、最終的には強制競売の手続が取り消されます（民事執行法68条の3第3項）。

用語の解説

最高価買受申出人：買受可能価額を超え（民事執行法60条3項）かつ最高価での入札者。
買受人：売却許可決定が確定した最高価買受申出人。

条文

民事執行法60条　（売却基準価額の決定等）
1　執行裁判所は、評価人の評価に基づいて、不動産の売却の額の基準となるべき価額（以下「売却基準価額」という。）を定めなければならない。
2　執行裁判所は、必要があると認めるときは、売却基準価額を変更することができる。
3　買受けの申出の額は、売却基準価額からその10分の2に相当する額を控除した価額（以下「買受可能価額」という。）以上でなければならない。

民事執行法64条　（売却の方法及び公告）
1　不動産の売却は、裁判所書記官の定める売却の方法により行う。
2　不動産の売却の方法は、入札又は競り売りのほか、最高裁判所規則で定める。
3　裁判所書記官は、入札又は競り売りの方法により売却をするときは、売却の日時及び場所を定め、執行官に売却を実施させなければならない。
4　前項の場合においては、第20条において準用する民事訴訟法第93条第1項の規定にかかわらず、売却決定期日は、裁判所書記官が、売却を実施させる旨の処分と同時に指定する。
5　第3項の場合においては、裁判所書記官は、売却すべき不動産の表示、売却基準価額並びに売却の日時及び場所を公告しなければならない。
6　第1項、第3項又は第4項の規定による裁判所書記官の処分に対しては、執行裁判所に異議を申し立てることができる。
7　第10条第6項前段及び第9項の規定は、前項の規定による異議の申立てがあつた場合について準用する。

民事執行法66条　（買受けの申出の保証）
　不動産の買受けの申出をしようとする者は、最高裁判所規則で定めるところにより、執行裁判所が定める額及び方法による保証を提供しなければならない。

民事執行法68条　（債務者の買受けの申出の禁止）
　債務者は、買受けの申出をすることができない。

民事執行法68条の3　（売却の見込みのない場合の措置）
1　執行裁判所は、裁判所書記官が入札又は競り売りの方法による売却を3回実施させても買受けの申出がなかつた場合において、不動産の形状、用途、法令による利用

の規制その他の事情を考慮して、更に売却を実施させても売却の見込みがないと認めるときは、強制競売の手続を停止することができる。この場合においては、差押債権者に対し、その旨を通知しなければならない。

2 差押債権者が、前項の規定による通知を受けた日から3月以内に、執行裁判所に対し、買受けの申出をしようとする者があることを理由として、売却を実施させるべき旨を申し出たときは、裁判所書記官は、第64条の定めるところにより売却を実施させなければならない。

3 差押債権者が前項の期間内に同項の規定による売却実施の申出をしないときは、執行裁判所は、強制競売の手続を取り消すことができる。同項の規定により裁判所書記官が売却を実施させた場合において買受けの申出がなかつたときも、同様とする。

民事執行法69条 （売却決定期日）

執行裁判所は、売却決定期日を開き、売却の許可又は不許可を言い渡さなければならない。

民事執行法71条 （売却不許可事由）

執行裁判所は、次に掲げる事由があると認めるときは、売却不許可決定をしなければならない。

1 強制競売の手続の開始又は続行をすべきでないこと。

2 最高価買受申出人が不動産を買い受ける資格若しくは能力を有しないこと又はその代理人がその権限を有しないこと。

3 最高価買受申出人が不動産を買い受ける資格を有しない者の計算において買受けの申出をした者であること。

4 最高価買受申出人、その代理人又は自己の計算において最高価買受申出人に買受けの申出をさせた者が次のいずれかに該当すること。

　　イ　その強制競売の手続において第65条第1号に規定する行為をした者

　　ロ　その強制競売の手続において、代金の納付をしなかつた者又は自己の計算においてその者に買受けの申出をさせたことがある者

　　ハ　第65条第2号又は第3号に掲げる者

5 第75条第1項の規定による売却の不許可の申出があること。

6 売却基準価額若しくは一括売却の決定、物件明細書の作成又はこれらの手続に重大な誤りがあること。

7 売却の手続に重大な誤りがあること。

民事執行法78条 （代金の納付）

1 売却許可決定が確定したときは、買受人は、裁判所書記官の定める期限までに代金を執行裁判所に納付しなければならない。

2 買受人が買受けの申出の保証として提供した金銭及び前条第1項の規定により納付した金銭は、代金に充てる。

3 買受人が第63条第2項第1号又は第68条の2第2項の保証を金銭の納付以外の方法で提供しているときは、執行裁判所は、最高裁判所規則で定めるところによりこれを換価し、その換価代金から換価に要した費用を控除したものを代金に充てる。この場合において、換価に要した費用は、買受人の負担とする。

4 買受人は、売却代金から配当又は弁済を受けるべき債権者であるときは、売却許可決定が確定するまでに執行裁判所に申し出て、配当又は弁済を受けるべき額を差し引いて代金を配当期日又は弁済金の交付の日に納付することができる。ただし、配

当期日において、買受人の受けるべき配当の額について異議の申出があつたときは、買受人は、当該配当期日から1週間以内に、異議に係る部分に相当する金銭を納付しなければならない。

5 裁判所書記官は、特に必要があると認めるときは、第1項の期限を変更することができる。

6 第1項又は前項の規定による裁判所書記官の処分に対しては、執行裁判所に異議を申し立てることができる。

7 第10条第6項前段及び第9項の規定は、前項の規定による異議の申立てがあつた場合について準用する。

民事執行法79条 （不動産の取得の時期）

買受人は、代金を納付した時に不動産を取得する。

民事執行法80条 （代金不納付の効果）

1 買受人が代金を納付しないときは、売却許可決定は、その効力を失う。この場合においては、買受人は、第66条の規定により提供した保証の返還を請求することができない。

2 前項前段の場合において、次順位買受けの申出があるときは、執行裁判所は、その申出について売却の許可又は不許可の決定をしなければならない。

民事執行法82条 （代金納付による登記の嘱託）

1 買受人が代金を納付したときは、裁判所書記官は、次に掲げる登記及び登記の抹消を嘱託しなければならない。
   1 買受人の取得した権利の移転の登記
   2 売却により消滅した権利又は売却により効力を失つた権利の取得若しくは仮処分に係る登記の抹消
   3 差押え又は仮差押えの登記の抹消

2 買受人及び買受人から不動産の上に抵当権の設定を受けようとする者が、最高裁判所規則で定めるところにより、代金の納付の時までに申出をしたときは、前項の規定による嘱託は、登記の申請の代理を業とすることができる者で申出人の指定するものに嘱託情報を提供して登記所に提供させる方法によつてしなければならない。この場合において、申出人の指定する者は、遅滞なく、その嘱託情報を登記所に提供しなければならない。

3 第1項の規定による嘱託をするには、その嘱託情報と併せて売却許可決定があつたことを証する情報を提供しなければならない。

4 第1項の規定による嘱託に要する登録免許税その他の費用は、買受人の負担とする。

【不動産執行】

18 建物が強制競売！建物の敷地に対する権利はどうなるの？

法定地上権

建物が強制競売されていて買い受けようか考えているんだけど…

建物だけ買って敷地の利用権はついてくるの？

2

建物を買い受けたら敷地の利用権はどうなるの？

Aさんは強制競売にかかっている建物を買い受けようか迷っています。買い受けたら建物の敷地は自分とは違う人物が所有することになりますが、大丈夫でしょうか？

問題のツボ～法定地上権

土地及びその上にある建物が債務者の所有である場合で、その土地又は建物の差押えがあり、その売却により所有者を異にするに至ったときには、その建物について地上権が設定されたものとみなされます（民事執行法81条）。この地上権を**法定地上権**といいます。この場合に地代は当事者の請求により裁判所が決定します（民事執行法81条）。

そこで、Aさんは強制競売されている建物を買い受けても敷地に対して法定地上権を有することになりますから、建物を収去しなければならないことにはなりません。

法定地上権は民法にも定められていますが（民法388条）、これは土地およびその上に存する建物が同一の所有者に属する場合に、土地又は建物に抵当権が設定され、抵当権の実行によって土地と建物の所有者が異なった場合に建物について設定されたとみなされる地上権です。

問題解決のコツ

　Aさんが買い受けることを考えていた強制競売事件は対象物が建物でしたが、執行裁判所は、建物をその敷地とともに一括して売却して同一の買受人に買受させることが相当であると認めるときには、建物と土地を一括して売却することを定めることができます（民事執行法61条本文）。これを**一括売却**といいます。

　一括売却が定められてAさんが建物とその敷地を買い受ければ、もちろん法定地上権は成立しません。

用語の解説

法定地上権：土地及びその上にある建物が債務者の所有である場合で、その土地又は建物の差押えがあり、その売却により所有者を異にするに至ったときにその建物について設定されたとみなされる地上権（民事執行法81条）。

一括売却：相互の利用上不動産を他の不動産と一括して同一の買受人に買受させることが相当であると認めるときに、これらの不動産を一括して売却すること（民事執行法61条）。

条文

民法388条　（法定地上権）

　土地及びその上に存する建物が同一の所有者に属する場合において、その土地又は建物につき抵当権が設定され、その実行により所有者を異にするに至ったときは、その建物について、地上権が設定されたものとみなす。この場合において、地代は、当事者の請求により、裁判所が定める。

民事執行法61条　（一括売却）

　執行裁判所は、相互の利用上不動産を他の不動産（差押債権者又は債務者を異にするものを含む。）と一括して同一の買受人に買い受けさせることが相当であると認めるときは、これらの不動産を一括して売却することを定めることができる。ただし、一個の申立てにより強制競売の開始決定がされた数個の不動産のうち、あるものの買受可能価額で各債権者の債権及び執行費用の全部を弁済することができる見込みがある場合には、債務者の同意があるときに限る。

民事執行法81条　（法定地上権）

　土地及びその上にある建物が債務者の所有に属する場合において、その土地又は建物の差押えがあり、その売却により所有者を異にするに至つたときは、その建物について、地上権が設定されたものとみなす。この場合においては、地代は、当事者の請求により、裁判所が定める。

コラム
一括競売と一括売却

　一括競売と一括売却は、言葉は似ているのですがまったく違う制度ですので、ここで整理しておきましょう。

　一括競売は、抵当権の設定後に抵当地に建物が築造されたときには、抵当権者は、土地とともにその建物を競売することができるというものです。ただし、優先権は土地の代価についてのみあります（民法389条）。

　一括競売がなされると買受人は土地とともに建物も買い受けることができて、その建物が利用価値がある場合などには有利です。また、その建物が廃墟のような建物であれば建物も買い受けた後で取り壊せば済みます。また、建物所有者としても本来ならば抵当権の実行によって建物の敷地利用権を失うわけですが、買受人が建物を買ってくれれば建物の代金を取得することができます。

　これに対して、**一括売却**とは、執行裁判所は、相互の利用上不動産を他の不動産と一括して同一の買受人に買い受けさせることが相当であるとみとめるときに、これらの不動産を一括して売却することを定めることができるというものです（民事執行法61条）。

一括競売？

一括売却？

　例えば、債務者が土地とその上に建物を所有している場合に土地に強制競売の申立がなされたときに、一括売却の定めがなくて強制競売の手続が進んで買受人が土地を買い受けると建物を所有している債務者は建物の敷地について法定地上権を取得しますが（民事執行法81条）、買受人は法定地上権の負担が付いた土地所有権を取得することになってしまいます。これではそもそも買受人が現れないおそれがあります。一括売却が定められて買受人が土地と建物を買い受ければ法定地上権が成立することはなく、買受人は負担のない完全な所有権を取得

できます。債務者としても買受人の代金で債務が弁済できれば残余金を取得することができます。

条文

民法389条　（抵当地の上の建物の競売）

1　抵当権の設定後に抵当地に建物が築造されたときは、抵当権者は、土地とともにその建物を競売することができる。ただし、その優先権は、土地の代価についてのみ行使することができる。

2　前項の規定は、その建物の所有者が抵当地を占有するについて抵当権者に対抗することができる権利を有する場合には、適用しない。

民事執行法61条　（一括売却）

執行裁判所は、相互の利用上不動産を他の不動産（差押債権者又は債務者を異にするものを含む。）と一括して同一の買受人に買い受けさせることが相当であると認めるときは、これらの不動産を一括して売却することを定めることができる。ただし、一個の申立てにより強制競売の開始決定がされた数個の不動産のうち、あるものの買受可能価額で各債権者の債権及び執行費用の全部を弁済することができる見込みがある場合には、債務者の同意があるときに限る。

民事執行法81条　（法定地上権）

土地及びその上にある建物が債務者の所有に属する場合において、その土地又は建物の差押えがあり、その売却により所有者を異にするに至つたときは、その建物について、地上権が設定されたものとみなす。この場合においては、地代は、当事者の請求により、裁判所が定める。

【不動産執行】
19 強制競売で建物を買い受けたのに債務者が出て行かない！どうすればいい？

引渡命令

 強制競売で建物を買い受けたんだけど債務者が出て行かない

 それじゃ債務者に対して建物引渡訴訟を提起しなきゃならないの？

2

債務者が出て行かない！　どうすれば……

　Aさんは建物に対する強制競売事件でその建物を買い受けて執行裁判所に代金を納付して建物の所有権を取得しました (民事執行法79条)。

　しかし、債務者がその建物から出て行きません。

　これでは買い受けた意味がありません。

　Aさんは債務者に対して建物引渡しの訴訟を提起しなければならないのでしょうか。

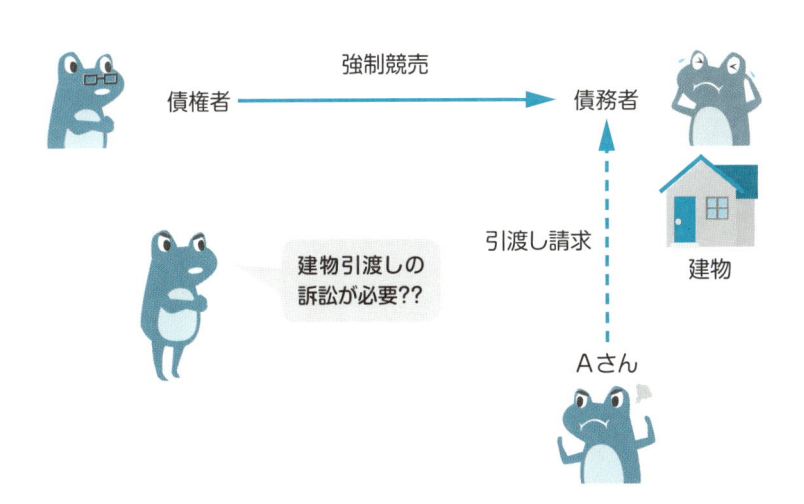

問題のツボ～引渡命令

　Aさんは、債務者に建物の引渡しを求めることになりますが、債務者が任意に引き渡さない場合には建物引渡しの強制執行をしなければなりません（民事執行法168条）。

　そのためには建物引渡しの債務名義が必要です。

　Aさんは債務者に対して建物引渡しの訴訟を提起してその確定判決を債務名義とすることももちろんできますが（民事執行法22条1号）、新たに訴訟を起こすのも大変です。

　そこで、買受人保護のために民事執行法83条は**引渡命令**を認めました。すなわち、代金を納付した買受人は、執行裁判所に申し立てて、債務者又は不動産の占有者に対して、不動産を買受人に引き渡すべき旨の命令（引渡命令）を発してもらうことができます（民事執行法83条1項）。

　引渡命令に対しては執行抗告をすることができ（民事執行法83条4項）、引渡命令は確定しなければ効力が生じません（民事執行法83条5項）。このように引渡命令は「抗告によらなければ不服を申し立てることができない裁判」であり、民事執行法22条3号に基づき債務名義となるのです。

　そこで、Aさんは建物引渡しの訴訟を提起しなくとも、執行裁判所か引渡命令を得て債務者に建物引渡しの強制執行を行うことができます。

問題解決のコツ

　最高価買受申出人又は買受人は、引渡命令を予想して、債務者又は不動産の占有者に対して、建物の占有の移転を禁止したり、建物を執行官に保管させることなどを命じる保全処分を申し立てることもできます（民事執行法77条）。

　この保全処分をしておけば、買受人は、債務者から占有を取得した者に対しても引渡命令に基づいて建物引渡しの強制執行をすることができます（民事執行法83条の2）。

用語の解説

引渡命令：代金を納付した買受人の申立てに基づく債務者又は不動産の占有者に対する買受人への不動産引渡命令（民事執行法83条1項）。

民事執行法22条 （債務名義）

強制執行は、次に掲げるもの（以下「債務名義」という。）により行う。

1 確定判決
2 仮執行の宣言を付した判決
3 抗告によらなければ不服を申し立てることができない裁判（確定しなければその効力を生じない裁判にあつては、確定したものに限る。）
3の2 仮執行の宣言を付した損害賠償命令
4 仮執行の宣言を付した支払督促
4の2 訴訟費用、和解の費用若しくは非訟事件（他の法令の規定により非訟事件手続法（平成23年法律第51号）の規定を準用することとされる事件を含む。）若しくは家事事件の手続の費用の負担の額を定める裁判所書記官の処分又は第42条第4項に規定する執行費用及び返還すべき金銭の額を定める裁判所書記官の処分（後者の処分にあつては、確定したものに限る。）
5 金銭の一定の額の支払又はその他の代替物若しくは有価証券の一定の数量の給付を目的とする請求について公証人が作成した公正証書で、債務者が直ちに強制執行に服する旨の陳述が記載されているもの（以下「執行証書」という。）
6 確定した執行判決のある外国裁判所の判決
6の2 確定した執行決定のある仲裁判断
7 確定判決と同一の効力を有するもの（第3号に掲げる裁判を除く。）

民事執行法77条 （最高価買受申出人又は買受人のための保全処分等）

1 執行裁判所は、債務者又は不動産の占有者が、価格減少行為等（不動産の価格を減少させ、又は不動産の引渡しを困難にする行為をいう。以下この項において同じ。）をし、又は価格減少行為等をするおそれがあるときは、最高価買受申出人又は買受人の申立てにより、引渡命令の執行までの間、その買受けの申出の額（金銭により第66条の保証を提供した場合にあつては、当該保証の額を控除した額）に相当する金銭を納付させ、又は代金を納付させて、次に掲げる保全処分又は公示保全処分を命ずることができる。

1 債務者又は不動産の占有者に対し、価格減少行為等を禁止し、又は一定の行為をすることを命ずる保全処分（執行裁判所が必要があると認めるときは、公示保全処分を含む。）
2 次に掲げる事項を内容とする保全処分（執行裁判所が必要があると認めるときは、公示保全処分を含む。）
　イ 当該価格減少行為等をし、又はそのおそれがある者に対し、不動産に対する占有を解いて執行官に引き渡すことを命ずること。
　ロ 執行官に不動産の保管をさせること。
3 次に掲げる事項を内容とする保全処分及び公示保全処分
　イ 前号イ及びロに掲げる事項
　ロ 前号イに規定する者に対し、不動産の占有の移転を禁止することを命じ、及び不動産の使用を許すこと。

2 第55条第2項（第1号に係る部分に限る。）の規定は前項第2号又は第3号に掲げる保全処分について、同条第2項（第2号に係る部分に限る。）の規定は前項に掲げる保全処分について、同条第3項、第4項本文及び第5項の規定は前項の規定による決定について、同条第6項の規定は前項の申立て又はこの項において準用する同

条第5項の申立てについての裁判について、同条第7項の規定はこの項において準用する同条第5項の規定による決定について、同条第8項及び第9項並びに第55条の2の規定は前項第2号又は第3号に掲げる保全処分を命ずる決定について準用する。

民事執行法83条　（引渡命令）

1　執行裁判所は、代金を納付した買受人の申立てにより、債務者又は不動産の占有者に対し、不動産を買受人に引き渡すべき旨を命ずることができる。ただし、事件の記録上買受人に対抗することができる権原により占有していると認められる者に対しては、この限りでない。

2　買受人は、代金を納付した日から6月（買受けの時に民法第395条第1項 に規定する抵当建物使用者が占有していた建物の買受人にあつては、9月）を経過したときは、前項の申立てをすることができない。

3　執行裁判所は、債務者以外の占有者に対し第1項の規定による決定をする場合には、その者を審尋しなければならない。ただし、事件の記録上その者が買受人に対抗することができる権原により占有しているものでないことが明らかであるとき、又は既にその者を審尋しているときは、この限りでない。

4　第1項の申立てについての裁判に対しては、執行抗告をすることができる。

5　第1項の規定による決定は、確定しなければその効力を生じない。

民事執行法83条の2　（占有移転禁止の保全処分等の効力）

1　強制競売の手続において、第55条第1項第3号又は第77条第1項第3号に掲げる保全処分及び公示保全処分を命ずる決定の執行がされ、かつ、買受人の申立てにより当該決定の被申立人に対して引渡命令が発せられたときは、買受人は、当該引渡命令に基づき、次に掲げる者に対し、不動産の引渡しの強制執行をすることができる。

  1　当該決定の執行がされたことを知つて当該不動産を占有した者

  2　当該決定の執行後に当該執行がされたことを知らないで当該決定の被申立人の占有を承継した者

2　前項の決定の執行後に同項の不動産を占有した者は、その執行がされたことを知つて占有したものと推定する。

3　第1項の引渡命令について同項の決定の被申立人以外の者に対する執行文が付与されたときは、その者は、執行文の付与に対する異議の申立てにおいて、買受人に対抗することができる権原により不動産を占有していること、又は自己が同項各号のいずれにも該当しないことを理由とすることができる。

20 【不動産執行】 売却代金はどのように配当されるの？

配当等

> 不動産に対して強制競売を申し立てたんだけど、買受人が現れて代金を納めてくれた

> これでようやくお金が入ってくるね

2

配当等はどのように行われるの？

　Aさんは債務者の不動産に対して強制競売を申し立てていましたが、手続が進んで売却が実施され、首尾よく買受人が代金を執行裁判所に納めてくれました。

　いよいよ配当等ですが、手続はどのように進んでいくのでしょうか。

問題のツボ〜弁済金の交付と配当

　執行裁判所は、買受人の代金の納付（民事執行法78条）があった場合には、弁済金の交付又は配当を実施することになります。弁済金の交付と配当を合わせて**配当等**といいます（民事執行法84条1項〜3項）。

　弁済金の交付とは、債権者が一人の場合、又は、債権者が二人以上であって売却代金ですべての債権者の債権と執行費用を弁済することができる場合に売却代金を交付することです（民事執行法84条2項）。

　弁済金の交付においては、執行裁判所は交付計算書を作成して債権者に売却代金を交付し、残れば債務者に交付します。

　配当とは、債権者が二人以上であって売却代金ですべての債権者の債権と執行費用を弁済することができない場合に売却代金を分配する手続です（民事執行法84条1項）。配当は配当表に基づいて実施されます。

113

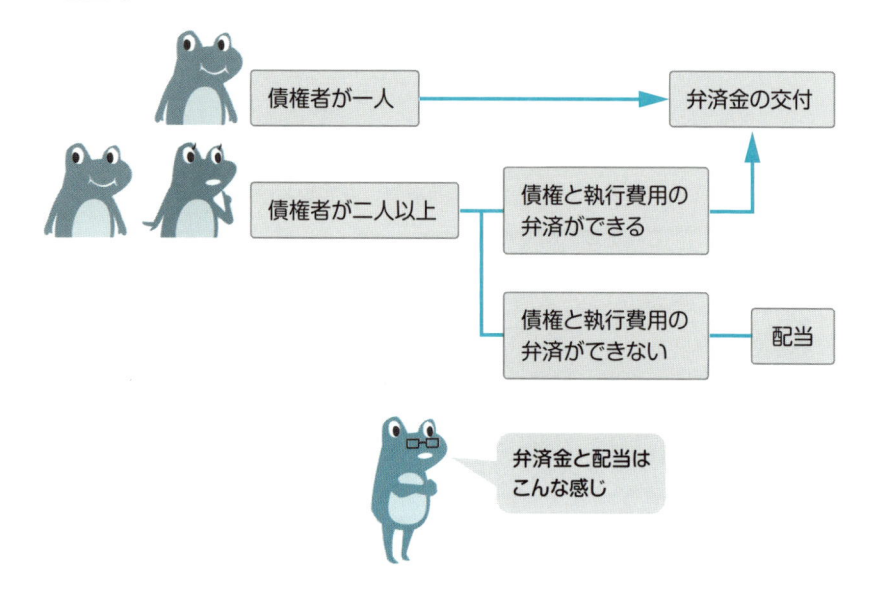

▼配当等

- 債権者が一人 → 弁済金の交付
- 債権者が二人以上
  - 債権と執行費用の弁済ができる → 弁済金の交付
  - 債権と執行費用の弁済ができない → 配当

弁済金と配当はこんな感じ

問題解決のコツ

　配当においては、①配当の原資になるもの、②配当を受けることができる者、③配当の順序及び額を決める必要があります。

　①配当の原資になるものは、民事執行法86条が規定しています。民事執行法86条1項により配当の原資となるものは、買受人が納付した不動産の代金、63条2項2号により差押債権者が提供した保証のうち申出額から代金の額を控除した残額に相当するもの、買受人が代金を納付しなかったために返還を請求することができない保証金です（民事執行法80条1項）。

　②配当を受けることができる者は、民事執行法87条1項に規定された者であり、差押債権者、配当要求の終期までに配当要求をした債権者（民事執行法51条）、差押えの登記前に登記された仮差押えの債権者、差押えの登記前に登記された先取特権、質権、抵当権で売却により消滅するものを有する債権者です（民事執行法59条）。

　③配当の順序及び額は、民法、商法その他の法律によって定められますが、ことに租税債権の交付要求がある場合にはその租税債権も配当に加わることになります。

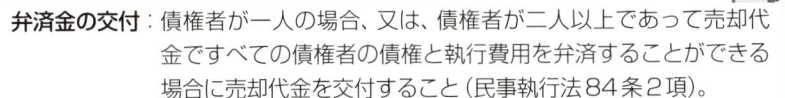

用語の解説

弁済金の交付：債権者が一人の場合、又は、債権者が二人以上であって売却代金ですべての債権者の債権と執行費用を弁済することができる場合に売却代金を交付すること（民事執行法84条2項）。

配当：債権者が二人以上であって売却代金ですべての債権者の債権と執行費用を弁済することができない場合に売却代金を分配する手続（民事執行法84条1項）。

配当等：弁済金の交付と配当を合わせたもの（民事執行法84条3項）。

条文

民事執行法84条 （売却代金の配当等の実施）

1　執行裁判所は、代金の納付があつた場合には、次項に規定する場合を除き、配当表に基づいて配当を実施しなければならない。

2　債権者が一人である場合又は債権者が二人以上であつて売却代金で各債権者の債権及び執行費用の全部を弁済することができる場合には、執行裁判所は、売却代金の交付計算書を作成して、債権者に弁済金を交付し、剰余金を債務者に交付する。

3　代金の納付後に第39条第1項第1号から第6号までに掲げる文書の提出があつた場合において、他に売却代金の配当又は弁済金の交付（以下「配当等」という。）を受けるべき債権者があるときは、執行裁判所は、その債権者のために配当等を実施しなければならない。

4　代金の納付後に第39条第1項第7号又は第8号に掲げる文書の提出があつた場合においても、執行裁判所は、配当等を実施しなければならない。

民事執行法85条 （配当表の作成）

1　執行裁判所は、配当期日において、第87条第1項各号に掲げる各債権者について、その債権の元本及び利息その他の附帯の債権の額、執行費用の額並びに配当の順位及び額を定める。ただし、配当の順位及び額については、配当期日においてすべての債権者間に合意が成立した場合は、この限りでない。

2　執行裁判所は、前項本文の規定により配当の順位及び額を定める場合には、民法、商法その他の法律の定めるところによらなければならない。

3　配当期日には、第1項に規定する債権者及び債務者を呼び出さなければならない。

4　執行裁判所は、配当期日において、第1項本文に規定する事項を定めるため必要があると認めるときは、出頭した債権者及び債務者を審尋し、かつ、即時に取り調べることができる書証の取調べをすることができる。

5　第1項の規定により同項本文に規定する事項（同項ただし書に規定する場合には、配当の順位及び額を除く。）が定められたときは、裁判所書記官は、配当期日において、配当表を作成しなければならない。

6　配当表には、売却代金の額及び第1項本文に規定する事項についての執行裁判所の定めの内容（同項ただし書に規定する場合にあつては、配当の順位及び額については、その合意の内容）を記載しなければならない。

7　第16条第3項及び第4項の規定は、第1項に規定する債権者（同条第1項前段に

2

規定する者を除く。）に対する呼出状の送達について準用する。

民事執行法86条　（売却代金）

1 売却代金は、次に掲げるものとする。
    1 不動産の代金
    2 第63条第2項第2号の規定により提供した保証のうち申出額から代金の額を控除した残額に相当するもの
    3 第80条第1項後段の規定により買受人が返還を請求することができない保証
2 第61条の規定により不動産が一括して売却された場合において、各不動産ごとに売却代金の額を定める必要があるときは、その額は、売却代金の総額を各不動産の売却基準価額に応じて案分して得た額とする。各不動産ごとの執行費用の負担についても、同様とする。
3 第78条第3項の規定は、第1項第2号又は第3号に規定する保証が金銭の納付以外の方法で提供されている場合の換価について準用する。

民事執行法87条　（配当等を受けるべき債権者の範囲）

1 売却代金の配当等を受けるべき債権者は、次に掲げる者とする。
    1 差押債権者（配当要求の終期までに強制競売又は一般の先取特権の実行としての競売の申立てをした差押債権者に限る。）
    2 配当要求の終期までに配当要求をした債権者
    3 差押え（最初の強制競売の開始決定に係る差押えをいう。次号において同じ。）の登記前に登記された仮差押えの債権者
    4 差押えの登記前に登記（民事保全法第53条第2項に規定する仮処分による仮登記を含む。）がされた先取特権（第1号又は第2号に掲げる債権者が有する一般の先取特権を除く。）、質権又は抵当権で売却により消滅するものを有する債権者（その抵当権に係る抵当証券の所持人を含む。）
2 前項第4号に掲げる債権者の権利が仮差押えの登記後に登記されたものである場合には、その債権者は、仮差押債権者が本案の訴訟において敗訴し、又は仮差押えがその効力を失つたときに限り、配当等を受けることができる。
3 差押えに係る強制競売の手続が停止され、第47条第6項の規定による手続を続行する旨の裁判がある場合において、執行を停止された差押債権者がその停止に係る訴訟等において敗訴したときは、差押えの登記後続行の裁判に係る差押えの登記前に登記された第1項第4号に規定する権利を有する債権者は、配当等を受けることができる。

21 強制競売にかかっている建物、どう見ても価値がなさそうなんだけど…

無剰余による取消し

あの建物、強制競売にかかっているんだけど、どう見ても価値がなさそう

それでも手続は進むの？

2

不動産の価値がなさそう…それでも強制競売の手続は進むの？

　Aさんの近所にある建物が強制競売にかけられました。しかし、その建物は古い建物で、どう見ても高く売れそうにありません。

　こんな建物に対する強制競売でも手続は進められるのでしょうか。

問題のツボ〜無剰余による取消し

　不動産に対する強制競売でその不動産の価値がなく債権者に配当が見込めないときには、強制競売の手続が取り消される制度が用意されています。それが**無剰余による取消し**です（民事執行法63条）。

　民事執行法63条1項の条文は理解しにくいので、理解するために前提知識から整理してみましょう。

　執行裁判所は、評価人の評価に基づいて売却基準価額を定めます。**売却基準価額**とは、不動産の売却額の基準となるべき価額のことです（民事執行法60条1項）。そして、売却基準価額からその10分の2に相当する額を控除した価額を**買受可能価額**といい、買受の申出額は買受可能価額以上でなければなりません（民事執行法60条3項）。

　また、民事執行法は強制執行に関する費用として執行費用と手続費用を定義しています。**執行費用**とは、強制執行の費用で必要なものです（民事執行法42条1項）。そして、**手続費用**とは、執行費用のうちで共益費用であるものです（民事執行法63条1項1号、共益費用の例として55条10項、56条2項）。

　また、差押債権者の債権に優先する債権のことを**優先債権**といいます（民事執行法63条1項1号）。

　以上を前提に民事執行法63条1項を読んでみると、執行裁判所は、民事執行法63条1項1号又は2号のケースでは、そのケースである旨を差押債権者に通知することになっています。

　①民事執行法63条1項1号のケース（優先債権がない場合）

　　買受可能価額が手続費用見込額を超えないこと

　　（買受可能価額≦手続費用見込額）

　②民事執行法63条1項2号のケース（優先債権がある場合）

　　買受可能価額が手続費用見込額と優先債権見込額の合計額に満たないこと

　　（買受可能価額＜手続費用見込額＋優先債権見込額）

▼ 売却基準価額と買取可能価額

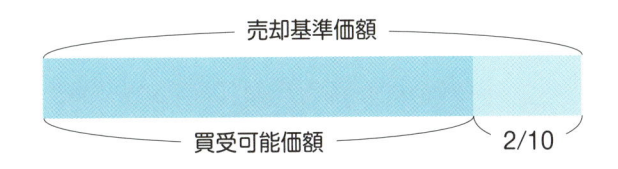

▼ 手続費用

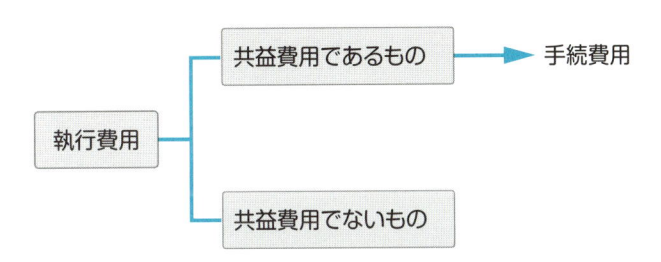

2

⌐ 問題解決のコツ

　執行裁判所から民事執行法63条1項1号又は2号の通知を受けた差押債権者は、以下の措置をとることができます（民事執行法63条2項）。

①差押債権者が不動産の買受人になることができる場合

　差押債権者は、民事執行法63条1項1号又は2号の通知を受けた日から1週間以内に、「申出額」を定めて、「申出額」に達する買受けの申出がないときには、自ら「申出額」で不動産を買い受ける旨を申し出て、「申出額」に相当する保証を提供することができます（民事執行法63条2項1号）。

　この申出と提供があれば強制競売は引き続き進行していきますが、なければ強制競売は取り消されます。

　なお、ここでいう「申出額」は、優先債権がない場合には手続費用見込額を超える額でなければならず、優先債権がある場合には手続費用見込額と優先債権見込額の合計額以上の額でなければなりません。

②差押債権者が不動産の買受人になることができない場合（例えば強制競売にか

かっている不動産が農地の場合）

　差押債権者は、民事執行法63条1項1号又は2号の通知を受けた日から1週間以内に、「申出額」を定めて、買受けの申出額が「申出額」に達しないときには、「申出額」と買受けの申出額との差額を負担する旨を申し出て、「申出額」と買受可能価額との差額に相当する保証を提供することができます（民事執行法63条2項2号）。

　この申出と提供があれば強制競売は引き続き進行していきますが、なければ強制競売は取り消されます。

③差押債権者が民事執行法63条1項1号又は2号の通知を受けた日から1週間以内に民事執行法63条1項1号又は2号のいずれにも該当しないことを証明した場合
　強制競売が進行します（民事執行法63条2項ただし書前段）。

④差押債権者が、民事執行法63条1項2号に該当する場合であって買受可能価額が手続費用見込額を超える場合で優先債権者の同意を得たことを証明したとき
　強制競売が進行します（民事執行法63条2項ただし書後段）。

用語の解説

売却基準価額：不動産の売却額の基準となるべき価額のこと（民事執行法60条1項）。
買受可能価額：売却基準価額からその10分の2に相当する額を控除した価額（民事執行法60条3項）。
執行費用：強制執行の費用で必要なもの（民事執行法42条1項）。
手続費用：執行費用のうちで共益費用であるもの（民事執行法63条1項1号）。
優先債権：差押債権者の債権に優先する債権のこと（民事執行法63条1項1号）。

条文

民事執行法42条　（執行費用の負担）
　1　強制執行の費用で必要なもの（以下「執行費用」という。）は、債務者の負担とする。
　2　金銭の支払を目的とする債権についての強制執行にあつては、執行費用は、その執行手続において、債務名義を要しないで、同時に、取り立てることができる。
　3　強制執行の基本となる債務名義（執行証書を除く。）を取り消す旨の裁判又は債務名義に係る和解、認諾、調停若しくは労働審判の効力がないことを宣言する判決が確定したときは、債権者は、支払を受けた執行費用に相当する金銭を債務者に返還し

なければならない。
4 第1項の規定により債務者が負担すべき執行費用で第2項の規定により取り立てられたもの以外のもの及び前項の規定により債権者が返還すべき金銭の額は、申立てにより、執行裁判所の裁判所書記官が定める。
5 前項の申立てについての裁判所書記官の処分に対しては、その告知を受けた日から1週間の不変期間内に、執行裁判所に異議を申し立てることができる。
6 執行裁判所は、第4項の規定による裁判所書記官の処分に対する異議の申立てを理由があると認める場合において、同項に規定する執行費用及び返還すべき金銭の額を定めるべきときは、自らその額を定めなければならない。
7 第5項の規定による異議の申立てについての決定に対しては、執行抗告をすることができる。
8 第4項の規定による裁判所書記官の処分は、確定しなければその効力を生じない。
9 民事訴訟法第74条第1項の規定は、第4項の規定による裁判所書記官の処分について準用する。この場合においては、第5項、第7項及び前項並びに同条第3項の規定を準用する。

民事執行法60条　(売却基準価額の決定等)
1 執行裁判所は、評価人の評価に基づいて、不動産の売却の額の基準となるべき価額(以下「売却基準価額」という。)を定めなければならない。
2 執行裁判所は、必要があると認めるときは、売却基準価額を変更することができる。
3 買受けの申出の額は、売却基準価額からその10分の2に相当する額を控除した価額(以下「買受可能価額」という。)以上でなければならない。

民事執行法63条　(剰余を生ずる見込みのない場合等の措置)
1 執行裁判所は、次の各号のいずれかに該当すると認めるときは、その旨を差押債権者(最初の強制競売の開始決定に係る差押債権者をいう。ただし、第47条第6項の規定により手続を続行する旨の裁判があつたときは、その裁判を受けた差押債権者をいう。以下この条において同じ。)に通知しなければならない。
    1 差押債権者の債権に優先する債権(以下この条において「優先債権」という。)がない場合において、不動産の買受可能価額が執行費用のうち共益費用であるもの(以下「手続費用」という。)の見込額を超えないとき。
    2 優先債権がある場合において、不動産の買受可能価額が手続費用及び優先債権の見込額の合計額に満たないとき。
2 差押債権者が、前項の規定による通知を受けた日から1週間以内に、優先債権がない場合にあつては手続費用の見込額を超える額、優先債権がある場合にあつては手続費用及び優先債権の見込額の合計額以上の額(以下この項において「申出額」という。)を定めて、次の各号に掲げる区分に応じ、それぞれ当該各号に定める申出及び保証の提供をしないときは、執行裁判所は、差押債権者の申立てに係る強制競売の手続を取り消さなければならない。ただし、差押債権者が、その期間内に、前項各号のいずれにも該当しないことを証明したとき、又は同項第2号に該当する場合であつて不動産の買受可能価額が手続費用の見込額を超える場合において、不動産の売却について優先債権を有する者(買受可能価額で自己の優先債権の全部の弁済を受けることができる見込みがある者を除く。)の同意を得たことを証明したときは、この限りでない。
    1 差押債権者が不動産の買受人になることができる場合
        申出額に達する買受けの申出がないときは、自ら申出額で不動産を買い受け

る旨の申出及び申出額に相当する保証の提供

2 差押債権者が不動産の買受人になることができない場合

　買受けの申出の額が申出額に達しないときは、申出額と買受けの申出の額との差額を負担する旨の申出及び申出額と買受可能価額との差額に相当する保証の提供

3 前項第2号の申出及び保証の提供があつた場合において、買受可能価額以上の額の買受けの申出がないときは、執行裁判所は、差押債権者の申立てに係る強制競売の手続を取り消さなければならない。

4 第2項の保証の提供は、執行裁判所に対し、最高裁判所規則で定める方法により行わなければならない。

Aさんが B さんの不動産に強制競売を申し立てて手続が進んでいるんだけど、C さんがその不動産にまた強制競売を申し立ててきた

Aさんの申立てで手続が進んでいるのに、何で C さんは強制競売を申し立てたんだろう？

2

強制競売されている不動産にさらに強制競売？　どういうこと？

　Aさんは B さんに対して不動産の強制競売を申し立てて手続が進んでいたのですが、今度は C さんが B さんの同じ不動産に対して強制競売を申し立ててきました。

　手続はどうなってしまうのでしょうか。

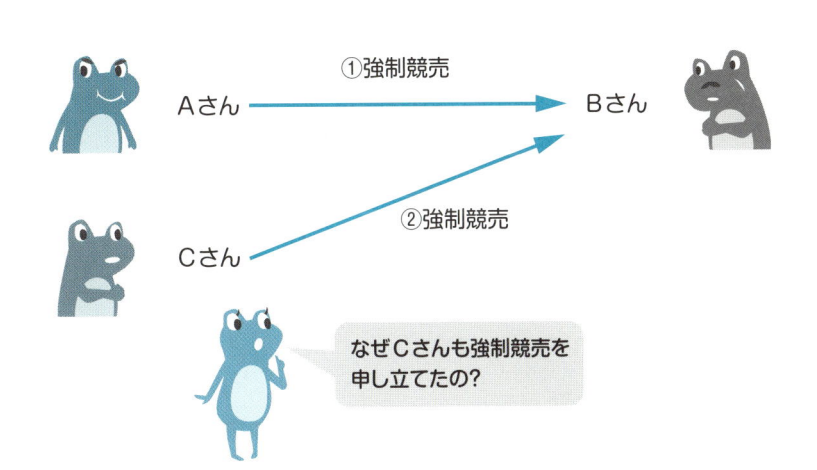

①強制競売

Aさん ——————→ Bさん

②強制競売

Cさん

なぜ C さんも強制競売を申し立てたの？

問題のツボ～二重開始決定

　強制競売又は担保権の実行としての競売の開始決定がなされた不動産に対して強制競売の申立てがあったときには、執行裁判所は、さらに強制競売の開始決定をします（民事執行法47条1項）。これを**二重開始決定**といいます。

　Aさんが申し立てた強制競売事件（これを先行事件としておきます）に対して、Cさんは同じ不動産に強制競売を申し立てて二重開始決定を受けたわけです（Cさんの申立てに係る事件を後行事件としておきます）。

　二重開始決定がなされても別の強制競売の手続が新たに進行していくのではなく、先行事件の手続が進められていきます。

　先行事件の手続が進行していって、先行事件の配当要求の終期までにCさんが後行事件の強制競売を申し立てていれば、Cさんは先行事件の配当要求をしていなくても先行事件の配当等を受けることができます（民事執行法87条1項1号）。

問題解決のコツ

　それでは、なぜCさんは二重開始決定を受けたのでしょうか。

　いろいろ理由が考えられますが、もし先行事件が取り下げられたり、取り消されたときには、後行事件の二重開始決定に基づいて強制競売の手続が続行されます（47条2項）。二重開始決定によって手続がゼロから始まるのではなく先行事件が継続していくのです。これによって先行事件の差押登記後に現れた抵当権者等がいる場合に先行事件が取り下げられたりしても、二重開始決定がされていればCさんはこれらの抵当権者等を無視して強制競売の手続を進めてもらうことができます。

　Cさんにはこのような目論見があったのかもしれません。

用語の解説

二重開始決定：強制競売又は担保権の実行としての競売の開始決定がなされた不動産に対して強制競売の申立てがあったときになされる強制競売の開始決定（民事執行法47条1項）。

条文

民事執行法47条　（二重開始決定）
1　強制競売又は担保権の実行としての競売（以下この節において「競売」という。）の開始決定がされた不動産について強制競売の申立てがあつたときは、執行裁判所

は、更に強制競売の開始決定をするものとする。

2 先の開始決定に係る強制競売若しくは競売の申立てが取り下げられたとき、又は先の開始決定に係る強制競売若しくは競売の手続が取り消されたときは、執行裁判所は、後の強制競売の開始決定に基づいて手続を続行しなければならない。

3 前項の場合において、後の強制競売の開始決定が配当要求の終期後の申立てに係るものであるときは、裁判所書記官は、新たに配当要求の終期を定めなければならない。この場合において、既に第50条第1項（第188条において準用する場合を含む。）の届出をした者に対しては、第49条第2項の規定による催告は、要しない。

4 前項の規定による裁判所書記官の処分に対しては、執行裁判所に異議を申し立てることができる。

5 第10条第6項前段及び第9項の規定は、前項の規定による異議の申立てがあつた場合について準用する。

6 先の開始決定に係る強制競売又は競売の手続が停止されたときは、執行裁判所は、申立てにより、後の強制競売の開始決定（配当要求の終期までにされた申立てに係るものに限る。）に基づいて手続を続行する旨の裁判をすることができる。ただし、先の開始決定に係る強制競売又は競売の手続が取り消されたとすれば、第62条第1項第2号に掲げる事項について変更が生ずるときは、この限りでない。

7 前項の申立てを却下する決定に対しては、執行抗告をすることができる。

民事執行法87条　（配当等を受けるべき債権者の範囲）

1 売却代金の配当等を受けるべき債権者は、次に掲げる者とする。

　1 差押債権者（配当要求の終期までに強制競売又は一般の先取特権の実行としての競売の申立てをした差押債権者に限る。）

　2 配当要求の終期までに配当要求をした債権者

　3 差押え（最初の強制競売の開始決定に係る差押えをいう。次号において同じ。）の登記前に登記された仮差押えの債権者

　4 差押えの登記前に登記（民事保全法第53条第2項に規定する仮処分による仮登記を含む。）がされた先取特権（第1号又は第2号に掲げる債権者が有する一般の先取特権を除く。）、質権又は抵当権で売却により消滅するものを有する債権者（その抵当権に係る抵当証券の所持人を含む。）

2 前項第4号に掲げる債権者の権利が仮差押えの登記後に登記されたものである場合には、その債権者は、仮差押債権者が本案の訴訟において敗訴し、又は仮差押えがその効力を失つたときに限り、配当等を受けることができる。

3 差押えに係る強制競売の手続が停止され、第47条第6項の規定による手続を続行する旨の裁判がある場合において、執行を停止された差押債権者がその停止に係る訴訟等において敗訴したときは、差押えの登記後続行の裁判に係る差押えの登記前に登記された第1項第4号に規定する権利を有する債権者は、配当等を受けることができる。

2

125

23 1棟のマンションの家賃を押さえたい！

不動産執行〜強制管理

Bさんに対して強制執行をすることを考えているんだけど、Bさんはマンション1棟を夫婦で共有していて、それぞれの部屋をBさんが賃貸している

それじゃBさんの家賃収入から回収できれば手っ取り早いんじゃない？

債務者の家賃収入から回収

　AさんはBさんに対して強制執行をすることを考えています。

　Bさんは奥さんと二人でマンションを共有しています。Bさんのマンションの持分に対して強制競売を申し立てることはできますが、共有持分を買い受ける人が出てくるか不安です。

　Bさんは自分が賃貸人となってマンションの各部屋を賃貸しています。

　この賃料から回収することはできないのでしょうか？

Aさん ──────────▶ Bさん

賃料から回収できる？

マンション

Bさんと奥さんが共有

問題のツボ〜強制管理

　Aさんは、Bさんに対して強制管理を申し立ててBさんの家賃収入から債権の回収を図ることが考えられます。

　強制管理とは、不動産執行のうち不動産の収益から債権の回収を図る強制執行手続です（民事執行法43条1項、93条以下）。

　強制管理の申立てがあると、執行裁判所は、強制管理の開始決定を下し、債務者及び債務者に対して給付義務を負う者（**給付義務者**）に対して処分禁止命令を発し、差押えの登記をします（民事執行法93条1項）。また、執行裁判所は強制管理の開始決定と同時に管理人を選任し（民事執行法94条）、管理人は不動産の管理、収益の収取及び換価を行うことになります（民事執行法95条）。

問題解決のコツ

　強制管理の手続の大きな流れは、①差押え、②換価、③配当等です。

①差押え

　差押えにより債務者は収益を処分することが禁止され、家賃を取り立てることができなくなります。また、給付義務者は家賃などを債務者に支払うことが禁止され、管理人に支払うことになります（民事執行法93条1項）。

　差押えの登記は、裁判所書記官が法務局に嘱託して行われます（民事執行法111条による48条の準用）。

②換価

　強制競売における換価は不動産を売却するのではなく、不動産から上がる収益を収取したり、収益を換価することです。これらの処分は執行裁判所の監督のもとに管理人が行います（民事執行法99条、95条1項）。

③配当等

　強制管理においても弁済金の交付又は配当が行われます。

　すなわち、債権者が一人の場合、又は、債権者が二人以上であって各債権者の債権及び執行費用の全部を弁済することができるときには、管理人は、プールした収益金を債権者に弁済金として交付し、残れば債務者に交付します（民事執行法107条1項2項）。

債権者が二人以上であってすべての債権者に弁済することができない場合には、執行裁判所が配当を行います（民事執行法109条）。

用語の解説

強制管理：不動産執行のうち不動産の収益から債権の回収を図る強制執行手続（民事執行法43条1項、93条以下）。
給付義務者：債務者に対して給付義務を負う者（民事執行法93条1項）。

条文

民事執行法43条　（不動産執行の方法）
1　不動産（登記することができない土地の定着物を除く。以下この節において同じ。）に対する強制執行（以下「不動産執行」という。）は、強制競売又は強制管理の方法により行う。これらの方法は、併用することができる。
2　金銭の支払を目的とする債権についての強制執行については、不動産の共有持分、登記された地上権及び永小作権並びにこれらの権利の共有持分は、不動産とみなす。

民事執行法48条　（差押えの登記の嘱託等）
1　強制競売の開始決定がされたときは、裁判所書記官は、直ちに、その開始決定に係る差押えの登記を嘱託しなければならない。
2　登記官は、前項の規定による嘱託に基づいて差押えの登記をしたときは、その登記事項証明書を執行裁判所に送付しなければならない。

民事執行法93条　（開始決定等）
1　執行裁判所は、強制管理の手続を開始するには、強制管理の開始決定をし、その開始決定において、債権者のために不動産を差し押さえる旨を宣言し、かつ、債務者に対し収益の処分を禁止し、及び債務者が賃貸料の請求権その他の当該不動産の収益に係る給付を求める権利（以下「給付請求権」という。）を有するときは、債務者に対して当該給付をする義務を負う者（以下「給付義務者」という。）に対しその給付の目的物を管理人に交付すべき旨を命じなければならない。
2　前項の収益は、後に収穫すべき天然果実及び既に弁済期が到来し、又は後に弁済期が到来すべき法定果実とする。
3　第1項の開始決定は、債務者及び給付義務者に送達しなければならない。
4　給付義務者に対する第1項の開始決定の効力は、開始決定が当該給付義務者に送達された時に生ずる。
5　強制管理の申立てについての裁判に対しては、執行抗告をすることができる。

民事執行法94条　（管理人の選任）
1　執行裁判所は、強制管理の開始決定と同時に、管理人を選任しなければならない。
2　信託会社（信託業法（平成16年法律第154号）第3条又は第53条第1項の免許を受けた者をいう。）、銀行その他の法人は、管理人となることができる。

民事執行法95条 （管理人の権限）

1 管理人は、強制管理の開始決定がされた不動産について、管理並びに収益の収取及び換価をすることができる。
2 管理人は、民法第602条に定める期間を超えて不動産を賃貸するには、債務者の同意を得なければならない。
3 管理人が数人あるときは、共同してその職務を行う。ただし、執行裁判所の許可を受けて、職務を分掌することができる。
4 管理人が数人あるときは、第三者の意思表示は、その一人に対してすれば足りる。

民事執行法99条 （管理人の監督）

管理人は、執行裁判所が監督する。

民事執行法107条 （管理人による配当等の実施）

1 管理人は、前条第1項に規定する費用を支払い、執行裁判所の定める期間ごとに、配当等に充てるべき金銭の額を計算して、配当等を実施しなければならない。
2 債権者が一人である場合又は債権者が二人以上であつて配当等に充てるべき金銭で各債権者の債権及び執行費用の全部を弁済することができる場合には、管理人は、債権者に弁済金を交付し、剰余金を債務者に交付する。
3 前項に規定する場合を除き、配当等に充てるべき金銭の配当について債権者間に協議が調つたときは、管理人は、その協議に従い配当を実施する。
4 配当等を受けるべき債権者は、次に掲げる者とする。
　1 差押債権者のうち次のイからハまでのいずれかに該当するもの
　　イ 第1項の期間の満了までに強制管理の申立てをしたもの
　　ロ 第1項の期間の満了までに一般の先取特権の実行として第180条第2号に規定する担保不動産収益執行の申立てをしたもの
　　ハ 第1項の期間の満了までに第180条第2号に規定する担保不動産収益執行の申立てをしたもの（ロに掲げるものを除く。）であつて、当該申立てが最初の強制管理の開始決定に係る差押えの登記前に登記（民事保全法第53条第2項に規定する保全仮登記を含む。）がされた担保権に基づくもの
　2 仮差押債権者（第1項の期間の満了までに、強制管理の方法による仮差押えの執行の申立てをしたものに限る。）
　3 第1項の期間の満了までに配当要求をした債権者
5 第3項の協議が調わないときは、管理人は、その事情を執行裁判所に届け出なければならない。

民事執行法109条 （執行裁判所による配当等の実施）

執行裁判所は、第107条第5項の規定による届出があつた場合には直ちに、第104条第1項又は前条の規定による届出があつた場合には供託の事由が消滅したときに、配当等の手続を実施しなければならない。

24 ゴルフ場を経営している会社に強制執行したい。ゴルフコースの土地は広すぎるから、ほかに適切なものを押さえたい！

動産執行の手続

我が社の売掛金を回収するためにゴルフ場を経営している会社に強制執行したいんだが、ゴルフコースの土地は広すぎるから、ほかに何かないかな？

そのゴルフ場の日曜日の売上金というのは？

不動産以外に強制執行したい

　A社の社長さんは、B社に対する売掛金を回収したいのですが、B社はゴルフコースを経営しています。

　ゴルフコースの土地は広すぎて不動産の強制競売を申し立てても買受人が現れそうにありません。

　手っ取り早く強制執行する手立ては？

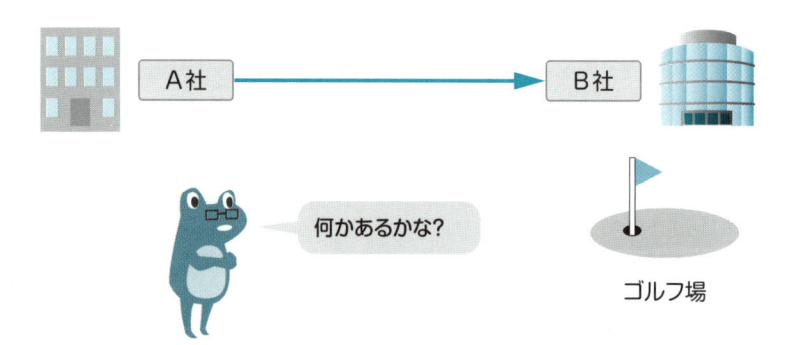

A社 → B社

何かあるかな？

ゴルフ場

問題のツボ〜動産執行

　手っ取り早く強制執行する方法としては、A社の社長さんの友人のアドバイスのようにB社が経営しているゴルフコースの売上金である現金に対して強制執行することが考えられます。

　これは現金に対する動産執行です。**動産執行**とは、金銭の支払いを目的とする債権について債務者の動産に対して行われる強制執行です。

　動産執行の特徴は、①執行機関が執行官であることと、②執行対象について債権者は特定の動産を選択するのではなく、動産執行の申立書には「差し押さえるべき動産が所在する場所」を記載すれば足り（民事執行規則99条）、執行官が動産を選択することです（民事執行規則100条）。

　A社がB社の経営するゴルフ場の売上金に対して強制執行する場合には、そのゴルフ場のフロントのレジを「差し押さえるべき動産が所在する場所」として指定することが考えられます。

　そのゴルフ場が日曜日に最も客が入っているようでしたら、フロントのレジには日曜日の夕方が最も現金が入っている可能性がありますから、その時間帯を狙って現金を差し押さえてもらいます。

　執行官は日曜日であっても執行裁判所の許可を得れば動産執行を実施することができます（民事執行法8条）。

問題解決のコツ

　動産執行の大きな流れは、①差押え、②換価、③配当等です。

①**差押え**は、執行官がその動産を占有して行います（民事執行法123条1項）。

②**換価**は、執行官が入札、競り売り、その他最高裁判所規則で定める方法（民事執行規則121条）で行われます。

③**配当等**は、債権者が一人である場合又は債権者が二人以上であってすべての債権者の債権と執行費用を弁済することができる場合には、債権者に弁済金が交付され、残れば債務者に交付されます（民事執行法139条1項）。

　債権者が二人以上であってすべての債権者の債権と執行費用を弁済することができない場合には、執行裁判所が配当を実施します（民事執行法142条）。

2

動産執行：金銭の支払いを目的とする債権について債務者の動産に対して行われる強制執行（民事執行法122条〜142条）。

条文

民事執行法122条　（動産執行の開始等）

1　動産（登記することができない土地の定着物、土地から分離する前の天然果実で1月以内に収穫することが確実であるもの及び裏書の禁止されている有価証券以外の有価証券を含む。以下この節、次章及び第4章において同じ。）に対する強制執行（以下「動産執行」という。）は、執行官の目的物に対する差押えにより開始する。

2　動産執行においては、執行官は、差押債権者のためにその債権及び執行費用の弁済を受領することができる。

民事執行法123条　（債務者の占有する動産の差押え）

1　債務者の占有する動産の差押えは、執行官がその動産を占有して行う。

2　執行官は、前項の差押えをするに際し、債務者の住居その他債務者の占有する場所に立ち入り、その場所において、又は債務者の占有する金庫その他の容器について目的物を捜索することができる。この場合において、必要があるときは、閉鎖した戸及び金庫その他の容器を開くため必要な処分をすることができる。

3　執行官は、相当であると認めるときは、債務者に差し押さえた動産（以下「差押物」という。）を保管させることができる。この場合においては、差押えは、差押物について封印その他の方法で差押えの表示をしたときに限り、その効力を有する。

4　執行官は、前項の規定により債務者に差押物を保管させる場合において、相当であると認めるときは、その使用を許可することができる。

5　執行官は、必要があると認めるときは、第3項の規定により債務者に保管させた差押物を自ら保管し、又は前項の規定による許可を取り消すことができる。

民事執行法134条　（売却の方法）

　執行官は、差押物を売却するには、入札又は競り売りのほか、最高裁判所規則で定める方法によらなければならない。

民事執行法139条　（執行官による配当等の実施）

1　債権者が一人である場合又は債権者が二人以上であつて売得金、差押金銭若しくは手形等の支払金（以下「売得金等」という。）で各債権者の債権及び執行費用の全部を弁済することができる場合には、執行官は、債権者に弁済金を交付し、剰余金を債務者に交付する。

2　前項に規定する場合を除き、売得金等の配当について債権者間に協議が調つたときは、執行官は、その協議に従い配当を実施する。

3　前項の協議が調わないときは、執行官は、その事情を執行裁判所に届け出なければならない。

4　第84条第3項及び第4項並びに第88条の規定は、第1項又は第2項の規定により配当等を実施する場合について準用する。

民事執行法142条　（執行裁判所による配当等の実施）

1　執行裁判所は、第139条第3項の規定による届出があつた場合には直ちに、前条第1項の規定による届出があつた場合には供託の事由が消滅したときに、配当等の手続を実施しなければならない。

2　第84条、第85条及び第88条から第92条までの規定は、前項の規定により執行裁判所が実施する配当等の手続について準用する。

民事執行規則99条　（申立書の記載事項）

　　動産執行の申立書には、第21条各号に掲げる事項のほか、差し押さえるべき動産が所在する場所を記載しなければならない。

民事執行規則100条　（差し押さえるべき動産の選択）

　　執行官は、差し押さえるべき動産の選択に当たつては、債権者の利益を害しない限り、債務者の利益を考慮しなければならない。

民事執行規則121条　（競り売り又は入札以外の方法による売却）

1　執行官は、動産の種類、数量等を考慮して相当と認めるときは、執行裁判所の許可を受けて、競り売り又は入札以外の方法により差押物の売却を実施することができる。

2　執行官は、前項の許可を受けようとするときは、あらかじめ、差押債権者の意見を聴かなければならない。

3　第1項の許可の申出においては、売却の実施の方法を明らかにしなければならない。

4　執行官は、第1項の許可を受けたときは、各債権者及び債務者に対し、その旨を通知しなければならない。

5　第119条の規定は、第1項の規定により差押物の売却を実施したときに作成すべき調書について準用する。

2

25

【動産執行】

債務者の動産なら何でも差押さえられるの？

差押禁止動産

> B君がA社から強制執行されるんじゃないかとびくびくしているんだ…

> B君の自宅にある物はぜんぶ取られちゃうのかな？

動産執行されたら自宅にある物はすべて取られてしまう？

　A社からお金を借りたB君は借金を返すことができずにいるのですが、A社から強制執行されて自宅にある物をすべて取られるのではないかと心配しています。

　動産執行されたらB君はすべて失うことになるのでしょうか？

A社 ----動産執行----> B君

> すべてを失ってしまう??

問題のツボ〜差押禁止動産

　動産執行は、債権者が申立書に「差し押さえるべき動産が所在する場所」を記載し（民事執行規則99条）、執行官がその場所で動産を捜索して行われます（民事執行法123条2項）。この場合執行官は、動産の選択に当たって、債権者の利益を害しない限り、債務者の利益を考慮しなければなりません（民事執行規則100条）。

　そして、動産執行においては、債務者の生活を保護するため一定の動産は差し押

さえることが禁じられており、民事執行法131条がこの**差押禁止動産**を規定しています。

これによると、例えば、「債務者の生活に欠くことのできない衣服、寝具、家具、台所用具、畳及び建具」(1号)、「債務者の1月間の生活に必要な食糧及び燃料」(2号)、「標準的な世帯の2月間の必要生活費を勘案して政令で定める額の金銭」(3号) などは、差押えが禁止されています。

3号の政令で定める金銭の額は、66万円とされています (民事執行法施行令1条)。

こうして見てくると自然人の自宅にある動産に対して動産執行をしようとしても差押禁止動産が多いことがわかります。

問題解決のコツ

差押禁止動産は不変であるかというと、そうではなく、執行裁判所は、申立てにより、債務者及び債権者の生活の状況その他の事情を考慮して、民事執行法131条に規定する動産の差押えを許すことができます (民事執行法132条)。

条文

民事執行法123条 (債務者の占有する動産の差押え)
1 債務者の占有する動産の差押えは、執行官がその動産を占有して行う。
2 執行官は、前項の差押えをするに際し、債務者の住居その他債務者の占有する場所に立ち入り、その場所において、又は債務者の占有する金庫その他の容器について目的物を捜索することができる。この場合において、必要があるときは、閉鎖した戸及び金庫その他の容器を開くため必要な処分をすることができる。
3 執行官は、相当であると認めるときは、債務者に差し押さえた動産 (以下「差押物」という。) を保管させることができる。この場合においては、差押えは、差押物について封印その他の方法で差押えの表示をしたときに限り、その効力を有する。
4 執行官は、前項の規定により債務者に差押物を保管させる場合において、相当であると認めるときは、その使用を許可することができる。
5 執行官は、必要があると認めるときは、第3項の規定により債務者に保管させた差押物を自ら保管し、又は前項の規定による許可を取り消すことができる。

民事執行法131条 (差押禁止動産)
次に掲げる動産は、差し押さえてはならない。
1 債務者等の生活に欠くことができない衣服、寝具、家具、台所用具、畳及び建具
2 債務者等の1月間の生活に必要な食料及び燃料
3 標準的な世帯の2月間の必要生計費を勘案して政令で定める額の金銭
4 主として自己の労力により農業を営む者の農業に欠くことができない器具、肥料、労役の用に供する家畜及びその飼料並びに次の収穫まで農業を続行するために欠くことができない種子その他これに類する農産物

5 　主として自己の労力により漁業を営む者の水産物の採捕又は養殖に欠くことができない漁網その他の漁具、えさ及び稚魚その他これに類する水産物
 6 　技術者、職人、労務者その他の主として自己の知的又は肉体的な労働により職業又は営業に従事する者（前2号に規定する者を除く。）のその業務に欠くことができない器具その他の物（商品を除く。）
 7 　実印その他の印で職業又は生活に欠くことができないもの
 8 　仏像、位牌その他礼拝又は祭祀に直接供するため欠くことができない物
 9 　債務者に必要な系譜、日記、商業帳簿及びこれらに類する書類
 10 　債務者又はその親族が受けた勲章その他の名誉を表章する物
 11 　債務者等の学校その他の教育施設における学習に必要な書類及び器具
 12 　発明又は著作に係る物で、まだ公表していないもの
 13 　債務者等に必要な義手、義足その他の身体の補足に供する物
 14 　建物その他の工作物について、災害の防止又は保安のため法令の規定により設備しなければならない消防用の機械又は器具、避難器具その他の備品

民事執行法132条　（差押禁止動産の範囲の変更）
 1 　執行裁判所は、申立てにより、債務者及び債権者の生活の状況その他の事情を考慮して、差押えの全部若しくは一部の取消しを命じ、又は前条各号に掲げる動産の差押えを許すことができる。
 2 　事情の変更があつたときは、執行裁判所は、申立てにより、前項の規定により差押えが取り消された動産の差押えを許し、又は同項の規定による差押えの全部若しくは一部の取消しを命ずることができる。
 3 　前2項の規定により差押えの取消しの命令を求める申立てがあつたときは、執行裁判所は、その裁判が効力を生ずるまでの間、担保を立てさせ、又は立てさせないで強制執行の停止を命ずることができる。
 4 　第1項又は第2項の申立てを却下する決定及びこれらの規定により差押えを許す決定に対しては、執行抗告をすることができる。
 5 　第3項の規定による決定に対しては、不服を申し立てることができない。

民事執行規則99条　（申立書の記載事項）
　動産執行の申立書には、第21条各号に掲げる事項のほか、差し押さえるべき動産が所在する場所を記載しなければならない。

民事執行規則100条　（差し押さえるべき動産の選択）
　執行官は、差し押さえるべき動産の選択に当たつては、債権者の利益を害しない限り、債務者の利益を考慮しなければならない。

26 債務者の給料を差押さえたけど、その後どうなるの？

債権執行

C会社に勤めているBさんの給料を差し押さえた

その後どうなるの？

債務者の給料を差し押さえた！　これからどうなるの？

　AさんはBさんに対する貸付金を回収するためにBさんがC会社から支払ってもらう給料を差し押さえました。

　Aさんはこれからどのようにして貸付金を回収することになるのでしょうか？

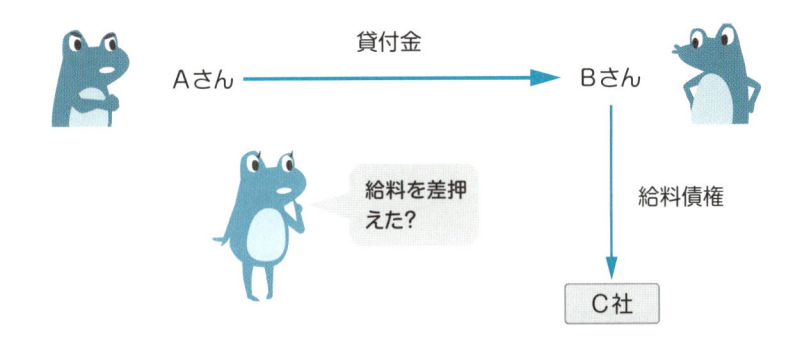

問題のツボ〜債権執行

　Aさんは、BさんのC会社に対する給料債権を差し押さえました。これは債権執行です。**債権執行**とは、金銭債権を回収するために債務者の金銭の支払い又は船舶若しくは動産の引渡しを目的とする債権に対してなされる強制執行です（民事執行法143条）。

債権執行では、Aさんを差押債権者、Bさんを債務者、C会社を第三債務者といいます。**第三債務者**とは、差し押さえるべき債権の債務者のことです（民事執行法144条2項）。

　債権執行の大きな流れは、①差押え、②換価、③満足です。

①**差押え**

　債権執行は、執行裁判所の差押命令によって開始し（民事執行法143条）、債務者は債権の取立てその他の処分が禁止され、第三債務者は債務者への弁済が禁止されます（民事執行法145条1項）。

②**換価**と③**満足**

　債権執行では対象物である債権を売却するという換価方法は原則としてとられず、債権者に直接的な満足の手段が与えられています。

　すなわち、①債権者は、債務者に差押命令が送達された日から1週間を経過すると差し押さえた債権を直接取り立てることができ（取立て、民事執行法155条）、②転付命令を得て第三債務者に請求することができ（民事執行法159条、160条）、又③差し押さえた債権を執行裁判所が定めた価額で支払いに代えて債権者に譲渡してもらうこと（譲渡命令）、取立てに代えて差し押さえた債権を売却してもらい（売却命令）、その代金から配当を受けること（民事執行法166条1項2号）、管理人に差し押さえた債権を管理してもらい（管理命令）、管理人から配当等を受けること（民事執行法161条6項による107条、109条の準用）などができます。

　また、第三債務者は供託することができますが（民事執行法156条）、この供託がなされた場合などには執行裁判所によって配当等が実施されます（民事執行法166条）。

問題解決のコツ

　給料は労働者の生活の糧ですから給料債権は全額を差し押さえることはできません。

　すなわち、給料や賞与は、その支払期に受けるべき給付額の4分の3に相当する部分を超えては差し押さえることができません（民事執行法152条1項2号）。

　また、「その支払期に受けるべき給付額の4分の3に相当する部分」が、標準的な世帯の必要生活費を勘案して政令で定める額を超えるときには、その政令で定める

額は差し押さえることができません。この政令にあたるものが民事執行法施行令であり、民事執行法施行令2条1項1号は、支払期が毎月と定められているものの政令で定める額を33万円と規定しています。

　従って、例えば、月額32万円の給与を得ている労働者の給料債権は、32万円の4分の3に相当する部分は24万円であり、24万円は33万円を超えませんから、32万円給料のうち24万円の部分が差押禁止となり、8万円の部分が差押え可能となります。

　これに対して、例えば月額60万円の給与を得ている労働者の給料債権は、60万円の4分の3相当額は45万円ですが、45万円は33万円を超えるので33万円までは差し押さえることができません。そこで、差し押さえることができるのは60万円から33万円を引いた27万円ということになります。

2

▼債権執行の流れ

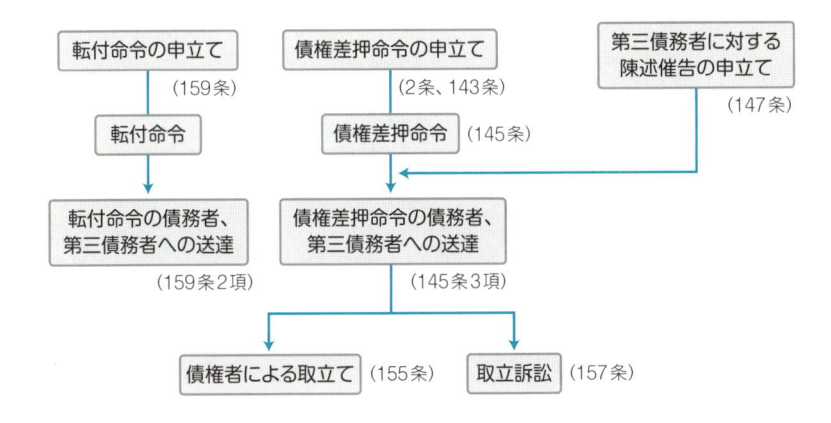

※上記条文は民事執行法

用語の解説

債権執行：金銭債権を回収するために債務者の金銭の支払い又は船舶若しくは動産の引渡しを目的とする債権に対してなされる強制執行（民事執行法143条〜166条）。
第三債務者：差し押さえるべき債権の債務者のこと（民事執行法144条2項）。

民事執行法143条　（債権執行の開始）

　金銭の支払又は船舶若しくは動産の引渡しを目的とする債権（動産執行の目的となる有価証券が発行されている債権を除く。以下この節において「債権」という。）に対する強制執行（第167条の2第2項に規定する少額訴訟債権執行を除く。以下この節において「債権執行」という。）は、執行裁判所の差押命令により開始する。

民事執行法144条　（執行裁判所）

1　債権執行については、債務者の普通裁判籍の所在地を管轄する地方裁判所が、この普通裁判籍がないときは差し押さえるべき債権の所在地を管轄する地方裁判所が、執行裁判所として管轄する。

2　差し押さえるべき債権は、その債権の債務者（以下「第三債務者」という。）の普通裁判籍の所在地にあるものとする。ただし、船舶又は動産の引渡しを目的とする債権及び物上の担保権により担保される債権は、その物の所在地にあるものとする。

3　差押えに係る債権（差押命令により差し押さえられた債権に限る。以下この目において同じ。）について更に差押命令が発せられた場合において、差押命令を発した執行裁判所が異なるときは、執行裁判所は、事件を他の執行裁判所に移送することができる。

4　前項の規定による決定に対しては、不服を申し立てることができない。

民事執行法145条　（差押命令）

1　執行裁判所は、差押命令において、債務者に対し債権の取立てその他の処分を禁止し、かつ、第三債務者に対し債務者への弁済を禁止しなければならない。

2　差押命令は、債務者及び第三債務者を審尋しないで発する。

3　差押命令は、債務者及び第三債務者に送達しなければならない。

4　差押えの効力は、差押命令が第三債務者に送達された時に生ずる。

5　差押命令の申立てについての裁判に対しては、執行抗告をすることができる。

民事執行法147条　（第三債務者の陳述の催告）

1　差押債権者の申立てがあるときは、裁判所書記官は、差押命令を送達するに際し、第三債務者に対し、差押命令の送達の日から2週間以内に差押えに係る債権の存否その他の最高裁判所規則で定める事項について陳述すべき旨を催告しなければならない。

2　第三債務者は、前項の規定による催告に対して、故意又は過失により、陳述をしなかつたとき、又は不実の陳述をしたときは、これによつて生じた損害を賠償する責めに任ずる。

民事執行法152条　（差押禁止債権）

1　次に掲げる債権については、その支払期に受けるべき給付の4分の3に相当する部分（その額が標準的な世帯の必要生計費を勘案して政令で定める額を超えるときは、政令で定める額に相当する部分）は、差し押さえてはならない。

　1　債務者が国及び地方公共団体以外の者から生計を維持するために支給を受ける継続的給付に係る債権

　2　給料、賃金、俸給、退職年金及び賞与並びにこれらの性質を有する給与に係る債権

2　退職手当及びその性質を有する給与に係る債権については、その給付の4分の3に相当する部分は、差し押さえてはならない。

3 債権者が前条第1項各号に掲げる義務に係る金銭債権（金銭の支払を目的とする債権をいう。以下同じ。）を請求する場合における前2項の規定の適用については、前2項中「4分の3」とあるのは、「2分の1」とする。

民事執行法153条 （差押禁止債権の範囲の変更）

1 執行裁判所は、申立てにより、債務者及び債権者の生活の状況その他の事情を考慮して、差押命令の全部若しくは一部を取り消し、又は前条の規定により差し押さえてはならない債権の部分について差押命令を発することができる。
2 事情の変更があつたときは、執行裁判所は、申立てにより、前項の規定により差押命令が取り消された債権を差し押さえ、又は同項の規定による差押命令の全部若しくは一部を取り消すことができる。
3 前2項の申立てがあつたときは、執行裁判所は、その裁判が効力を生ずるまでの間、担保を立てさせ、又は立てさせないで、第三債務者に対し、支払その他の給付の禁止を命ずることができる。
4 第1項又は第2項の規定による差押命令の取消しの申立てを却下する決定に対しては、執行抗告をすることができる。
5 第3項の規定による決定に対しては、不服を申し立てることができない。

民事執行法155条 （差押債権者の金銭債権の取立て）

1 金銭債権を差し押さえた債権者は、債務者に対して差押命令が送達された日から1週間を経過したときは、その債権を取り立てることができる。ただし、差押債権者の債権及び執行費用の額を超えて支払を受けることができない。
2 差押債権者が第三債務者から支払を受けたときは、その債権及び執行費用は、支払を受けた額の限度で、弁済されたものとみなす。
3 差押債権者は、前項の支払を受けたときは、直ちに、その旨を執行裁判所に届け出なければならない。

民事執行法156条 （第三債務者の供託）

1 第三債務者は、差押えに係る金銭債権（差押命令により差し押さえられた金銭債権に限る。次項において同じ。）の全額に相当する金銭を債務の履行地の供託所に供託することができる。
2 第三債務者は、次条第1項に規定する訴えの訴状の送達を受ける時までに、差押えに係る金銭債権のうち差し押さえられていない部分を超えて発せられた差押命令、差押処分又は仮差押命令の送達を受けたときはその債権の全額に相当する金銭を、配当要求があつた旨を記載した文書の送達を受けたときは差し押さえられた部分に相当する金銭を債務の履行地の供託所に供託しなければならない。
3 第三債務者は、前2項の規定による供託をしたときは、その事情を執行裁判所に届け出なければならない。

民事執行法159条 （転付命令）

1 執行裁判所は、差押債権者の申立てにより、支払に代えて券面額で差し押さえられた金銭債権を差押債権者に転付する命令（以下「転付命令」という。）を発することができる。
2 転付命令は、債務者及び第三債務者に送達しなければならない。
3 転付命令が第三債務者に送達される時までに、転付命令に係る金銭債権について、他の債権者が差押え、仮差押えの執行又は配当要求をしたときは、転付命令は、その効力を生じない。

4 第1項の申立てについての決定に対しては、執行抗告をすることができる。

5 転付命令は、確定しなければその効力を生じない。

6 転付命令が発せられた後に第39条第1項第7号又は第8号に掲げる文書を提出したことを理由として執行抗告がされたときは、抗告裁判所は、他の理由により転付命令を取り消す場合を除き、執行抗告についての裁判を留保しなければならない。

民事執行法160条 （転付命令の効力）

差押命令及び転付命令が確定した場合においては、差押債権者の債権及び執行費用は、転付命令に係る金銭債権が存する限り、その券面額で、転付命令が第三債務者に送達された時に弁済されたものとみなす。

民事執行法161条 （譲渡命令等）

1 差し押さえられた債権が、条件付若しくは期限付であるとき、又は反対給付に係ることその他の事由によりその取立てが困難であるときは、執行裁判所は、差押債権者の申立てにより、その債権を執行裁判所が定めた価額で支払に代えて差押債権者に譲渡する命令 (以下「譲渡命令」という。)、取立てに代えて、執行裁判所の定める方法によりその債権の売却を執行官に命ずる命令 (以下「売却命令」という。) 又は管理人を選任してその債権の管理を命ずる命令 (以下「管理命令」という。) その他相当な方法による換価を命ずる命令を発することができる。

2 執行裁判所は、前項の規定による決定をする場合には、債務者を審尋しなければならない。ただし、債務者が外国にあるとき、又はその住所が知れないときは、この限りでない。

3 第1項の申立てについての決定に対しては、執行抗告をすることができる。

4 第1項の規定による決定は、確定しなければその効力を生じない。

5 執行官は、差し押さえられた債権を売却したときは、債務者に代わり、第三債務者に対し、確定日付のある証書によりその譲渡の通知をしなければならない。

6 第159条第2項及び第3項並びに前条の規定は譲渡命令について、第159条第6項の規定は譲渡命令に対する執行抗告について、第65条及び第68条の規定は売却命令に基づく執行官の売却について、第159条第2項の規定は管理命令について、第84条第3項及び第4項、第88条、第94条第2項、第95条第1項、第3項及び第4項、第98条から第104条まで並びに第106条から第110条までの規定は管理命令に基づく管理について準用する。この場合において、第84条第3項及び第4項中「代金の納付後」とあるのは、「第161条において準用する第107条第1項の期間の経過後」と読み替えるものとする。

民事執行法166条 （配当等の実施）

1 執行裁判所は、第161条第6項において準用する第109条に規定する場合のほか、次に掲げる場合には、配当等を実施しなければならない。

　1 第156条第1項若しくは第2項又は第157条第5項の規定による供託がされた場合

　2 売却命令による売却がされた場合

　3 第163条第2項の規定により売得金が提出された場合

2 第84条、第85条及び第88条から第92条までの規定は、前項の規定により執行裁判所が実施する配当等の手続について準用する。

民事執行法施行令2条 （差押えが禁止される継続的給付に係る債権等の額）

1 法第152条第1項各号に掲げる債権 (次項の債権を除く。) に係る同条第1項 (法第

167条の14及び第193条第2項において準用する場合を含む。以下同じ。)の政令で定める額は、次の各号に掲げる区分に応じ、それぞれ当該各号に定める額とする。

1 支払期が毎月と定められている場合　　　　33万円
2 支払期が毎半月と定められている場合　　16万51000円
3 支払期が毎旬と定められている場合　　　　11万円
4 支払期が月の整数倍の期間ごとに定められている場合　33万円に当該倍数を乗じて得た金額に相当する額
5 支払期が毎日と定められている場合　　　　1万1000円
6 支払期がその他の期間をもつて定められている場合　　1万1000円に当該期間に係る日数を乗じて得た金額に相当する額

2 賞与及びその性質を有する給与に係る債権に係る法第152条第1項の政令で定める額は、33万円とする。

2

27

【債権執行】

債権を差押さえたけど払ってくれない！どうすれば？

取立訴訟

Bさんの C さんに対する債権を差し押さえたんだけど、支払ってくれない

それじゃ訴訟をしなければならないの？

第三債務者が支払ってくれない！

　AさんはBさんのCさんに対する債権について債権執行をしたのですが、Cさんは支払ってくれません。

　Aさんは訴訟を提起しなければならないのでしょうか？

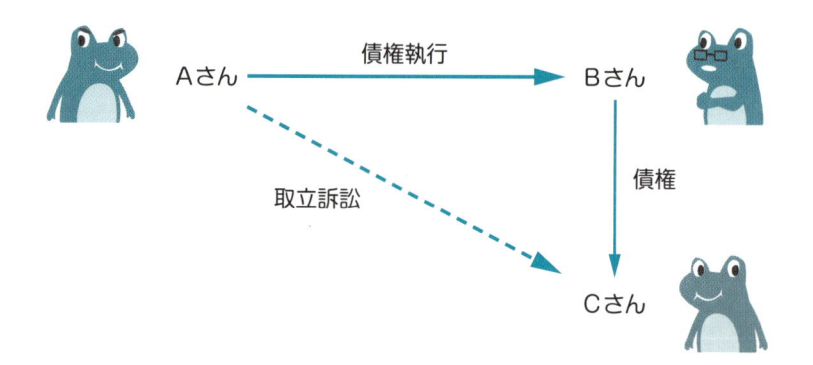

問題のツボ〜取立訴訟

　債権執行をして債務者に対して差押命令が送達された日から1週間が経過すると、債権者は、差し押さえた債権を取り立てることができます（民事執行法155条1項本文）。つまり、Aさんは、Cさんに対して、BさんのCさんに対する債権をBさんにではなく自分に支払ってくれと請求することができます。

　ただし、AさんがCさんに請求できる金額は、AさんのBさんに対する債権の金額と執行費用の金額の合計額を超えることはできません（民事執行法155条1項ただし書）。

　そして、AさんがCさんから支払いを受けると、Aさんの債権と執行費用は支払いを受けた限度で弁済されたものとみなされます（民事執行法155条2項）。

　AさんがCさんから支払ってもらえないときには、Aさんは、自己を原告としてCさんを被告として、BさんのCさんに対する債権を支払うように訴訟を提起する必要があります。これを**取立訴訟**といいます（民事執行法157条）。

問題解決のコツ

　取立訴訟においては、CさんはBさんの債権について主張することができる事由（例えば、弁済したことや消滅時効が完成していることなど）をAさんに主張することができます。

　また、Cさんは、Aさん以外のBさんの債権者で取立訴訟の訴状が送達される時までにBさんの債権を差し押さえた者に取立訴訟に参加する命令を裁判所に発してもらうことができます（民事執行法157条1項）。

　これはBさんの他の差押債権者に取立訴訟に参加してもらって1回で紛争を解決したいというCさんの利益を保護するためです。

　もし他の差押債権者が取立訴訟に参加しなかった場合にも、取立訴訟の判決の効力は他の差押債権者にも及びます（民事執行法157条3項）。

用語の解説

取立訴訟：債権執行を申し立てた債権者が第三債務者に対して提起する訴訟（民事執行法157条）。

民事執行法155条 （差押債権者の金銭債権の取立て）

1　金銭債権を差し押さえた債権者は、債務者に対して差押命令が送達された日から1週間を経過したときは、その債権を取り立てることができる。ただし、差押債権者の債権及び執行費用の額を超えて支払を受けることができない。

2　差押債権者が第三債務者から支払を受けたときは、その債権及び執行費用は、支払を受けた額の限度で、弁済されたものとみなす。

3　差押債権者は、前項の支払を受けたときは、直ちに、その旨を執行裁判所に届け出なければならない。

民事執行法157条 （取立訴訟）

1　差押債権者が第三債務者に対し差し押さえた債権に係る給付を求める訴え（以下「取立訴訟」という。）を提起したときは、受訴裁判所は、第三債務者の申立てにより、他の債権者で訴状の送達の時までにその債権を差し押さえたものに対し、共同訴訟人として原告に参加すべきことを命ずることができる。

2　前項の裁判は、口頭弁論を経ないですることができる。

3　取立訴訟の判決の効力は、第1項の規定により参加すべきことを命じられた差押債権者で参加しなかつたものにも及ぶ。

4　前条第2項の規定により供託の義務を負う第三債務者に対する取立訴訟において、原告の請求を認容するときは、受訴裁判所は、請求に係る金銭の支払は供託の方法によりすべき旨を判決の主文に掲げなければならない。

5　強制執行又は競売において、前項に規定する判決の原告が配当等を受けるべきときは、その配当等の額に相当する金銭は、供託しなければならない。

28 【債権執行】
転付命令を得たら どうなるの？

転付命令

Bさんの Cさんに対する売掛金に債権執行をしたんだけど、転付命令を申し立てるべきか…

転付命令を得るとどうなるの？

2

転付命令を得るとどうなる？

　Aさんは、Bさんに対する貸金を回収するためにBさんのCさんに対する売掛金債権に債権執行しました。

　Aさんは転付命令の申立てをしようか悩んでいます。

　Aさんが転付命令を得るとどうなるのでしょうか？

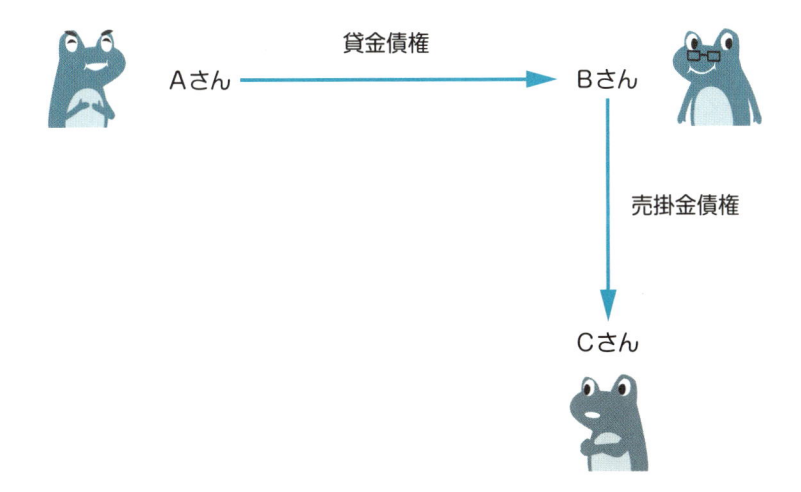

問題のツボ〜転付命令

転付命令とは、差押債権者の申立により、差押債権者の債権の支払いに代えて、差し押さえられた金銭債権をその券面額で差押債権者に転付する命令のことです（民事執行法159条1項）。

「支払いに代えて」とは、差押債権者の債権が消滅して差し押さえられた金銭債権が差押債権者に帰属することになるということです。

「券面額で」ということは、差し押さえられた金銭債権の名目額ということであり、差し押さえられた金銭債権の金額が不明確である場合には転付命令を得ることはできません。

転付命令の申立についての決定に対しては執行抗告をすることができ（民事執行法159条4項）、転付命令は確定しないと効力が生じません（民事執行法159条5項）。

差押命令と転付命令が確定すると、差押債権者の債権と執行費用は、差し押さえられた金銭債権の券面額で弁済されたものとみなされます（民事執行法160条）。そこで、差押債権者の債務者に対する債権は消滅し、差押債権者は差し押さえられた金銭債権のみを行使することになります。

問題解決のコツ

転付命令を得ると差し押さえられた金銭債権は差押債権者のみに帰属することになり、差押債権者は差し押さえられた金銭債権を独占することになります。

裏を返せば、第三債務者に資力がなければ差押債権者は第三債務者から支払いを受けることが事実上できなくなります。

そこで、転付命令は第三債務者の資力に問題がない場合（第三債務者が金融機関である場合など）に利用されています。

用語の解説

転付命令：差押債権者の申立により、差押債権者の債権の支払いに代えて、差し押さえられた金銭債権をその券面額で差押債権者に転付する命令のこと（民事執行法159条1項）。

条文

民事執行法159条 （転付命令）

1 執行裁判所は、差押債権者の申立てにより、支払に代えて券面額で差し押さえられた金銭債権を差押債権者に転付する命令（以下「転付命令」という。）を発することができる。

2 転付命令は、債務者及び第三債務者に送達しなければならない。

3 転付命令が第三債務者に送達される時までに、転付命令に係る金銭債権について、他の債権者が差押え、仮差押えの執行又は配当要求をしたときは、転付命令は、その効力を生じない。

4 第1項の申立てについての決定に対しては、執行抗告をすることができる。

5 転付命令は、確定しなければその効力を生じない。

6 転付命令が発せられた後に第39条第1項第7号又は第8号に掲げる文書を提出したことを理由として執行抗告がされたときは、抗告裁判所は、他の理由により転付命令を取り消す場合を除き、執行抗告についての裁判を留保しなければならない。

民事執行法160条 （転付命令の効力）

差押命令及び転付命令が確定した場合においては、差押債権者の債権及び執行費用は、転付命令に係る金銭債権が存する限り、その券面額で、転付命令が第三債務者に送達された時に弁済されたものとみなす。

コラム　少額訴訟債権執行

　少額訴訟とは、訴訟の目的の価額が60万円以下の金銭の支払いを目的とする訴訟であり（民事訴訟法368条1項）、民事訴訟手続において簡易迅速な手続がとられており、審理も1日の期日で終了するのが原則とされています（民事訴訟法370条）。

　民事執行法は、平成16年改正により少額訴訟に係る債務名義による金銭債権の強制執行を少額訴訟債権執行として特則を設けました（民事執行法167条の2〜167条の14）。

　すなわち、少額訴訟債権執行については、債権執行のほか民事執行法167条の2から167条の14による執行が認められました。最も特徴的な点は、本来執行機関は裁判所と執行官ですが（民事執行法2条）、少額訴訟債権執行は裁判所書記官によって行われることです（民事執行法167条の2第1項）。差押処分も裁判所書記官が行い、債務者は金銭債権の取立てその他の処分を禁じられ、第三債務者は債務者への弁済が禁じられます（民事執行法167条の5第1項）。

条文

民事訴訟法368条　（少額訴訟の要件等）

1　簡易裁判所においては、訴訟の目的の価額が60万円以下の金銭の支払の請求を目的とする訴えについて、少額訴訟による審理及び裁判を求めることができる。ただし、同一の簡易裁判所において同一の年に最高裁判所規則で定める回数を超えてこれを求めることができない。

2　少額訴訟による審理及び裁判を求める旨の申述は、訴えの提起の際にしなければならない。

3　前項の申述をするには、当該訴えを提起する簡易裁判所においてその年に少額訴訟による審理及び裁判を求めた回数を届け出なければならない。

民事訴訟法370条　（一期日審理の原則）

1　少額訴訟においては、特別の事情がある場合を除き、最初にすべき口頭弁論の期日において、審理を完了しなければならない。

2　当事者は、前項の期日前又はその期日において、すべての攻撃又は防御の方法を提出しなければならない。ただし、口頭弁論が続行されたときは、この限りでない。

民事執行法167条の2　（少額訴訟債権執行の開始等）

1　次に掲げる少額訴訟に係る債務名義による金銭債権に対する強制執行は、前目の定めるところにより裁判所が行うほか、第2条の規定にかかわらず、申立てにより、この目の定めるところにより裁判所書記官が行う。

　1　少額訴訟における確定判決

2 仮執行の宣言を付した少額訴訟の判決

3 少額訴訟における訴訟費用又は和解の費用の負担の額を定める裁判所書記官の処分

4 少額訴訟における和解又は認諾の調書

5 少額訴訟における民事訴訟法第275条の2第1項の規定による和解に代わる決定

2 前項の規定により裁判所書記官が行う同項の強制執行（以下この目において「少額訴訟債権執行」という。）は、裁判所書記官の差押処分により開始する。

3 少額訴訟債権執行の申立ては、次の各号に掲げる債務名義の区分に応じ、それぞれ当該各号に定める簡易裁判所の裁判所書記官に対してする。

1 第1項第1号に掲げる債務名義　同号の判決をした簡易裁判所

2 第1項第2号に掲げる債務名義　同号の判決をした簡易裁判所

3 第1項第3号に掲げる債務名義　同号の処分をした裁判所書記官の所属する簡易裁判所

4 第1項第4号に掲げる債務名義　同号の和解が成立し、又は同号の認諾がされた簡易裁判所

5 第1項第5号に掲げる債務名義　同号の和解に代わる決定をした簡易裁判所

4 第144条第3項及び第4項の規定は、差押えに係る金銭債権（差押処分により差し押さえられた金銭債権に限る。以下この目において同じ。）について更に差押処分がされた場合について準用する。この場合において、同条第3項中「差押命令を発した執行裁判所」とあるのは「差押処分をした裁判所書記官の所属する簡易裁判所」と、「執行裁判所は」とあるのは「裁判所書記官は」と、「他の執行裁判所」とあるのは「他の簡易裁判所の裁判所書記官」と、同条第4項中「決定」とあるのは「裁判所書記官の処分」と読み替えるものとする。

民事執行法167条の5 （差押処分）

1 裁判所書記官は、差押処分において、債務者に対し金銭債権の取立てその他の処分を禁止し、かつ、第三債務者に対し債務者への弁済を禁止しなければならない。

2 第145条第2項から第4項までの規定は、差押処分について準用する。

3 差押処分の申立てについての裁判所書記官の処分に対する執行異議の申立ては、その告知を受けた日から1週間の不変期間内にしなければならない。

4 前項の執行異議の申立てについての裁判に対しては、執行抗告をすることができる。

5 民事訴訟法第74条第1項の規定は、差押処分の申立てについての裁判所書記官の処分について準用する。この場合においては、第3項及び前項並びに同条第3項の規定を準用する。

扶養義務等に係る金銭債権についての特例

平成15年及び平成16年の民事執行法の改正により扶養義務等に係る金銭債権について特例が設けられました。

①民法752条の夫婦間の協力及び扶助義務
②民法760条の婚姻費用分担義務
③民法760条の子の監護に関する義務
④民法877条～880条の扶養義務

に係る確定期限の定めのある定期金債権については、確定期限が到来していないものについても債権執行を開始することができます（民事執行法151条の2）。

本来請求が確定期限の到来に係るときには、強制執行はその期限が到来しないと開始することができないのですが（民事執行法30条1項）、上記の定期金債権については、確定期限が到来しないものについても債権執行を開始できます。

たとえば、離婚した父親が子が20歳になるまで毎月3万円を養育費として支払うとされている場合に、その一部に不履行がある場合には、将来の養育費のために、例えば父親の給料債権に対して債権執行を開始することができます。

また、特例の二つ目として、上記①から④の義務に係る金銭債権の強制執行については、金銭執行による強制執行ができるほか、間接強制（民事執行法172条1項）による方法も認められました（民事執行法167条の15）。上記①から④の義務のように家族間の債権については、間接強制によって心理的に強制して履行を促した方が債権の実現を図ることができる事案もあると考えられるからです。

条文

民事執行法30条 （期限の到来又は担保の提供に係る場合の強制執行）
1 請求が確定期限の到来に係る場合においては、強制執行は、その期限の到来後に限り、開始することができる。
2 担保を立てることを強制執行の実施の条件とする債務名義による強制執行は、債権者が担保を立てたことを証する文書を提出したときに限り、開始することができる。

民事執行法151条の2 （扶養義務等に係る定期金債権を請求する場合の特例）

1 債権者が次に掲げる義務に係る確定期限の定めのある定期金債権を有する場合において、その一部に不履行があるときは、第30条第1項の規定にかかわらず、当該定期金債権のうち確定期限が到来していないものについても、債権執行を開始することができる。
  1 民法第752条の規定による夫婦間の協力及び扶助の義務
  2 民法第760条の規定による婚姻から生ずる費用の分担の義務
  3 民法第766条(同法第749条、第771条及び第788条において準用する場合を含む。)の規定による子の監護に関する義務
  4 民法第877条から第880条までの規定による扶養の義務
2 前項の規定により開始する債権執行においては、各定期金債権について、その確定期限の到来後に弁済期が到来する給料その他継続的給付に係る債権のみを差し押さえることができる。

民事執行法167条の15 （扶養義務等に係る金銭債権についての間接強制）

1 第151条の2第1項各号に掲げる義務に係る金銭債権についての強制執行は、前各款の規定により行うほか、債権者の申立てがあるときは、執行裁判所が第172条第1項に規定する方法により行う。ただし、債務者が、支払能力を欠くためにその金銭債権に係る債務を弁済することができないとき、又はその債務を弁済することによつてその生活が著しく窮迫するときは、この限りでない。
2 前項の規定により同項に規定する金銭債権について第172条第1項に規定する方法により強制執行を行う場合において、債権者が債権者に支払うべき金銭の額を定めるに当たつては、執行裁判所は、債務不履行により債権者が受けるべき不利益並びに債務者の資力及び従前の債務の履行の態様を特に考慮しなければならない。
3 事情の変更があつたときは、執行裁判所は、債務者の申立てにより、その申立てがあつた時(その申立てがあつた後に事情の変更があつたときは、その事情の変更があつた時)までさかのぼつて、第1項の規定による決定を取り消すことができる。
4 前項の申立てがあつたときは、執行裁判所は、その裁判が効力を生ずるまでの間、担保を立てさせ、又は立てさせないで、第1項の規定による決定の執行の停止を命ずることができる。
5 前項の規定による決定に対しては、不服を申し立てることができない。
6 第172条第2項から第5項までの規定は第1項の場合について、同条第3項及び第5項の規定は第3項の場合について、第173条第2項の規定は第1項の執行裁判所について準用する。

29 マンションを貸したのに 家賃を払わない！ 追い出したいが…

不動産の明渡しの強制執行

Bさんにマンションを貸したんだけど家賃を払わないので解除した

それでもBさんは出て行かないの？

そう。Bさんが自分から出て行ってくれると助かるんだけど

賃借人からマンションを明け渡してもらうには…

　マンションのオーナーであるAさんはBさんにマンションを賃貸したのですが、Bさんは家賃を滞納しています。

　そこで、Aさんは賃貸借契約を解除してマンション明渡しの訴訟を提起し、勝訴判決も得ました。

　Bさんはまだ出て行かないのですが、マンションを明け渡してもらうには？

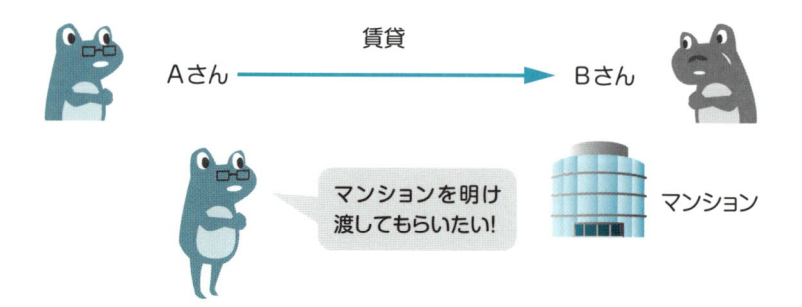

問題のツボ〜不動産の明渡しの強制執行

まずここで「引渡し」と「明渡し」の概念を整理しておきましょう。

引渡しとは、占有を移転することです。占有の移転には、①現実の引渡し（民法182条1項）、②簡易の引渡し（民法182条2項）、③占有改定（民法183条）、④指図による占有移転（民法184条）がありますが、強制執行で実現される引渡しは、現実の引渡しです。すなわち、債務者の占有を解いて目的物の占有を債権者に取得させます。

これに対して、**明渡し**とは、目的物の中にある物を取り払って目的物の占有を移転することです。

マンションを賃貸する場合には、賃貸人はマンションの中には何もない状態でマンションを賃借人に引き渡します。そこへ賃借人はベッドや家具などの動産を入れて生活するわけです。賃貸借契約が終了する際には、賃借人は持ち込んだ動産を撤去して原状に復してマンションを引き渡さなければなりません。これが明渡しです。

AさんがBさんに対してマンションの明渡しの強制執行をする場合には、①Bさんのマンション内の動産を撤去して、②マンションの占有を取得するという行為を強制的に行うことになります。

問題解決のコツ

AさんのBさんに対するマンションの明渡しの強制執行には、二つの方法があります。①直接強制（民事執行法168条）と②間接強制です（民事執行法173条、172条）。

直接強制による場合には、執行官が債務者の不動産に対する占有を解いて、債権者にその占有を取得させます（民事執行法168条1項）。この場合に執行官はマンションの中にある動産を取り除いて、その動産を引き渡さなければなりません。引き渡すことができないときには執行官はその動産を売却することができます（民事執行法168条5項）。

また、Bさんが任意に退去してくれることにこしたことはないので、明渡しの催告の制度（民事執行法168条の2）が設けられています。

間接強制とは、債務者に金銭の支払いを命じて任意に履行するように心理的に強制するものです（民事執行法173条、172条）。

用語の解説

引渡し：占有を移転すること。

明渡し：目的物の中にある物を取り払って目的物の占有を移転すること。

間接強制：債務者に金銭の支払いを命じて任意に履行するように心理的に強制することと（民事執行法172条）。

条文

民事執行法168条　（不動産の引渡し等の強制執行）

1　不動産等（不動産又は人の居住する船舶等をいう。以下この条及び次条において同じ。）の引渡し又は明渡しの強制執行は、執行官が債務者の不動産等に対する占有を解いて債権者にその占有を取得させる方法により行う。

2　執行官は、前項の強制執行をするため同項の不動産等の占有者を特定する必要があるときは、当該不動産等に在る者に対し、当該不動産等又はこれに近接する場所において、質問をし、又は文書の提示を求めることができる。

3　第1項の強制執行は、債権者又はその代理人が執行の場所に出頭したときに限り、することができる。

4　執行官は、第1項の強制執行をするに際し、債務者の占有する不動産等に立ち入り、必要があるときは、閉鎖した戸を開くため必要な処分をすることができる。

5　執行官は、第1項の強制執行においては、その目的物でない動産を取り除いて、債務者、その代理人又は同居の親族若しくは使用人その他の従業者で相当のわきまえのあるものに引き渡さなければならない。この場合において、その動産をこれらの者に引き渡すことができないときは、執行官は、最高裁判所規則で定めるところにより、これを売却することができる。

6　執行官は、前項の動産のうちに同項の規定による引渡し又は売却をしなかつたものがあるときは、これを保管しなければならない。この場合においては、前項後段の規定を準用する。

7　前項の規定による保管の費用は、執行費用とする。

8　第5項（第6項後段において準用する場合を含む。）の規定により動産を売却したときは、執行官は、その売得金から売却及び保管に要した費用を控除し、その残余を供託しなければならない。

9　第57条第5項の規定は、第1項の強制執行について準用する。

民事執行法168条の2　（明渡しの催告）

1　執行官は、不動産等の引渡し又は明渡しの強制執行の申立てがあつた場合において、当該強制執行を開始することができるときは、次項に規定する引渡し期限を定めて、明渡しの催告（不動産等の引渡し又は明渡しの催告をいう。以下この条において同じ。）をすることができる。ただし、債務者が当該不動産等を占有していないときは、この限りでない。

2　引渡し期限（明渡しの催告に基づき第6項の規定による強制執行をすることができる期限をいう。以下この条において同じ。）は、明渡しの催告があつた日から1月を経過する日とする。ただし、執行官は、執行裁判所の許可を得て、当該日以後の日を

引渡し期限とすることができる。

3 執行官は、明渡しの催告をしたときは、その旨、引渡し期限及び第5項の規定により債務者が不動産等の占有を移転することを禁止されている旨を、当該不動産等の所在する場所に公示書その他の標識を掲示する方法により、公示しなければならない。

4 執行官は、引渡し期限が経過するまでの間においては、執行裁判所の許可を得て、引渡し期限を延長することができる。この場合においては、執行官は、引渡し期限の変更があつた旨及び変更後の引渡し期限を、当該不動産等の所在する場所に公示書その他の標識を掲示する方法により、公示しなければならない。

5 明渡しの催告があつたときは、債務者は、不動産等の占有を移転してはならない。ただし、債権者に対して不動産等の引渡し又は明渡しをする場合は、この限りでない。

6 明渡しの催告後に不動産等の占有の移転があつたときは、引渡し期限が経過するまでの間においては、占有者（第1項の不動産等を占有する者であつて債務者以外のものをいう。以下この条において同じ。）に対して、第1項の申立てに基づく強制執行をすることができる。この場合において、第42条及び前条の規定の適用については、当該占有者を債務者とみなす。

7 明渡しの催告後に不動産等の占有の移転があつたときは、占有者は、明渡しの催告があつたことを知らず、かつ、債務者の占有の承継人でないことを理由として、債権者に対し、強制執行の不許を求める訴えを提起することができる。この場合においては、第36条、第37条及び第38条第3項の規定を準用する。

8 明渡しの催告後に不動産等を占有した占有者は、明渡しの催告があつたことを知つて占有したものと推定する。

9 第6項の規定により占有者に対して強制執行がされたときは、当該占有者は、執行異議の申立てにおいて、債権者に対抗することができる権原により目的物を占有していること、又は明渡しの催告があつたことを知らず、かつ、債務者の占有の承継人でないことを理由とすることができる。

10 明渡しの催告に要した費用は、執行費用とする。

民事執行法172条 （間接強制）

1 作為又は不作為を目的とする債務で前条第1項の強制執行ができないものについての強制執行は、執行裁判所が、債務者に対し、遅延の期間に応じ、又は相当と認める一定の期間内に履行しないときは直ちに、債務の履行を確保するために相当と認める一定の額の金銭を債権者に支払うべき旨を命ずる方法により行う。

2 事情の変更があつたときは、執行裁判所は、申立てにより、前項の規定による決定を変更することができる。

3 執行裁判所は、前2項の規定による決定をする場合には、申立ての相手方を審尋しなければならない。

4 第1項の規定により命じられた金銭の支払があつた場合において、債務不履行により生じた損害の額が支払額を超えるときは、債権者は、その超える額について損害賠償の請求をすることを妨げられない。

5 第1項の強制執行の申立て又は第2項の申立てについての裁判に対しては、執行抗告をすることができる。

6 前条第2項の規定は、第1項の執行裁判所について準用する。

民事執行法173条

1 第168条第1項、第169条第1項、第170条第1項及び第171条第1項に規定する強制執行は、それぞれ第168条から第171条までの規定により行うほか、債権者の申立てがあるときは、執行裁判所が前条第1項に規定する方法により行う。この場合においては、同条第2項から第5項までの規定を準用する。

2 前項の執行裁判所は、第33条第2項各号（第1号の2及び第4号を除く。）に掲げる債務名義の区分に応じ、それぞれ当該債務名義についての執行文付与の訴えの管轄裁判所とする。

民事執行規則154条の2　（強制執行の目的物でない動産の売却の手続等）

1 法第168条第5項後段（同条第6項後段において準用する場合を含む。）の規定による売却の手続については、この条に定めるもののほか、動産執行の例による。

2 執行官は、不動産等の引渡し又は明渡しの強制執行の申立てがあつた場合において、法第168条の2第1項に規定する明渡しの催告を実施したときは、これと同時に、当該申立てに基づく強制執行の実施予定日を定めた上、当該実施予定日に強制執行の目的物でない動産であつて法第168条第5項の規定による引渡しをすることができなかつたものが生じたときは、当該実施予定日にこれを同項後段の規定により強制執行の場所において売却する旨を決定することができる。この場合において、執行官は、売却すべき動産の表示の公告に代えて、当該実施予定日において法第168条第5項の規定による引渡しをすることができなかつた動産を売却する旨を公告すれば足りる。

3 執行官は、不動産等の引渡し又は明渡しの強制執行を行つた日（以下この項において「断行日」という。）において、強制執行の目的物でない動産であつて法第168条第5項の規定による引渡しをすることができなかつたものが生じ、かつ、相当の期間内に当該動産を同項前段に規定する者に引き渡すことができる見込みがないときは、即日当該動産を売却し、又は断行日から1週間未満の日を当該動産の売却の実施の日として指定することができる。この場合において、即日当該動産を売却するときは、第115条（第120条第3項において準用する場合を含む。）各号に掲げる事項を公告することを要しない。

4 前項の規定は、高価な動産については、適用しない。

5 執行官は、不動産等の引渡し又は明渡しの強制執行の申立てをした債権者に対し、明渡しの催告の実施又は強制執行の開始の前後を問わず、債務者の占有の状況、引渡し又は明渡しの実現の見込み等についての情報の提供その他の手続の円滑な進行のために必要な協力を求めることができる。

【非金銭執行】

30 貸した絵を返してくれない！ 強制的に返してもらうには…

動産の引渡しの強制執行

友人たちを集めてパーティをするので絵を貸してほしいと言われて、Bさんに絵を貸したんだけど返してくれない

ただで貸したからそんなことになるんじゃない？

2

貸した絵を返してもらうには？

　Aさんは、Bさんから自宅でパーティをするので絵を貸してほしいと言われて高価な絵を貸したのですが、Bさんはパーティが終わってもその絵を返してくれません。

　売られてしまっては困るし、どうしたらいいのか…？

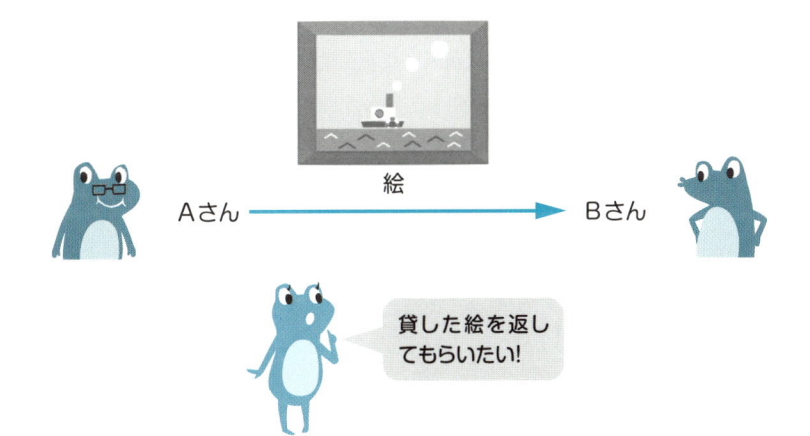

問題のツボ～動産の引渡しの強制執行

　AさんはBさんに賃料をもらわずに絵を貸してあげたようですから、AさんとBさんの間には使用貸借契約が成立していると考えられます（民法593条）。

　使用貸借における目的物の返還時期は、当事者が返還時期を定めたときにはその返還時期が到来した時に返還しなければならず、当事者が返還時期を定めなかったときには、契約に定めた目的に従って使用及び収益を終わった時に返還しなければなりません（民法597条）。

　AさんとBさんが絵の返還時期について合意していたか否かは定かではありませんが、仮に返還時期の合意がなかったとしてもBさんはパーティでその絵を友人たちに見てもらう目的のために借りたのですから、パーティが終わればAさんに返還する義務があります。

　AさんとすればこのままにしておくとBさんにその絵を売られてしまって、買主が善意取得（民法192条）する可能性もあります。

　そこで、AさんとしてはBさんに絵の返還を求める訴訟を提起して、その勝訴判決で強制執行することが考えられます。

問題解決のコツ

　絵の返還のような動産の引渡しを求める債権の強制執行には、①直接強制と②間接強制があります。

　直接強制の場合には、執行官が債務者から動産を取り上げてこれを債権者に引き渡す方法によって行われます（民事執行法169条）。

　間接強制による場合には、債務者に金銭の支払いを命じて心理的に強制することによって履行を促すことになります（民事執行法173条、172条）。

条文

民法192条　（即時取得）
　取引行為によって、平穏に、かつ、公然と動産の占有を始めた者は、善意であり、かつ、過失がないときは、即時にその動産について行使する権利を取得する。

民法593条　（使用貸借）
　使用貸借は、当事者の一方が無償で使用及び収益をした後に返還をすることを約して相手方からある物を受け取ることによって、その効力を生ずる。

民法597条 （借用物の返還の時期）

1 借主は、契約に定めた時期に、借用物の返還をしなければならない。

2 当事者が返還の時期を定めなかったときは、借主は、契約に定めた目的に従い使用及び収益を終わった時に、返還をしなければならない。ただし、その使用及び収益を終わる前であっても、使用及び収益をするのに足りる期間を経過したときは、貸主は、直ちに返還を請求することができる。

3 当事者が返還の時期並びに使用及び収益の目的を定めなかったときは、貸主は、いつでも返還を請求することができる。

民事執行法169条 （動産の引渡しの強制執行）

1 第168条第1項に規定する動産以外の動産（有価証券を含む。）の引渡しの強制執行は、執行官が債務者からこれを取り上げて債権者に引き渡す方法により行う。

2 第122条第2項、第123条第2項及び第168条第5項から第8項までの規定は、前項の強制執行について準用する。

民事執行法172条 （間接強制）

1 作為又は不作為を目的とする債務で前条第1項の強制執行ができないものについての強制執行は、執行裁判所が、債務者に対し、遅延の期間に応じ、又は相当と認める一定の期間内に履行しないときは直ちに、債務の履行を確保するために相当と認める一定の額の金銭を債権者に支払うべき旨を命ずる方法により行う。

2 事情の変更があつたときは、執行裁判所は、申立てにより、前項の規定による決定を変更することができる。

3 執行裁判所は、前2項の規定による決定をする場合には、申立ての相手方を審尋しなければならない。

4 第1項の規定により命じられた金銭の支払があつた場合において、債務不履行により生じた損害の額が支払額を超えるときは、債権者は、その超える額について損害賠償の請求をすることを妨げられない。

5 第1項の強制執行の申立て又は第2項の申立てについての裁判に対しては、執行抗告をすることができる。

6 前条第2項の規定は、第1項の執行裁判所について準用する。

民事執行法173条

1 第168条第1項、第169条第1項、第170条第1項及び第171条第1項に規定する強制執行は、それぞれ第168条から第171条までの規定により行うほか、債権者の申立てがあるときは、執行裁判所が前条第1項に規定する方法により行う。この場合においては、同条第2項から第5項までの規定を準用する。

2 前項の執行裁判所は、第33条第2項各号（第1号の2及び第4号を除く。）に掲げる債務名義の区分に応じ、それぞれ当該債務名義についての執行文付与の訴えの管轄裁判所とする。

31 駐車場に勝手に建物を建てられた！　建物を取り払って駐車場を明け渡してほしい！

建物収去土地明渡しの強制執行

> 僕の駐車場にBさんが勝手に建物を建ててしまった

> それじゃその建物を撤去してもらわないと…

建物収去土地明渡しの強制執行は？

　Aさんは自宅から離れた土地に駐車場を経営しているのですが、しばらくその駐車場に行かなかったら、Bさんが無断で駐車場の中に建物を建ててしまいました。

　これでは駐車場として貸すことができません。

　Aさんは建物収去土地明渡しの判決を得たのですが、Aさんが建物収去土地明渡しの強制執行をするにはどうすればよいのでしょう。

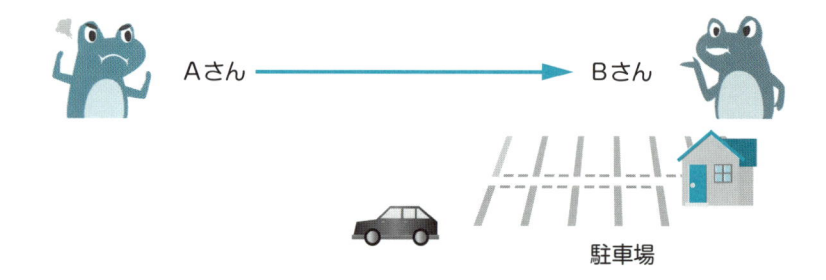

Aさん　　　　　　　　　　Bさん

駐車場

問題のツボ〜建物の収去と土地の明渡し

　建物収去土地明渡しというのは、二つの内容があります。①建物の収去と②土地の明渡しです。

　建物が建っている土地の明渡しには、二つの強制執行の方法があります。一つは

直接強制であり（民事執行法168条）、執行官が債務者の占有を解いて債権者にその占有を取得させる方法です。二つ目は、間接強制であり（民事執行法173条、172条）、債務者に金銭の支払いを命じて履行することを心理的に強制する方法です。

問題解決のコツ

では、建物の収去はどのように行うのでしょうか。

建物を収去するということはその敷地から建物を撤去することですが、建物をそっくりそのまま移動することも可能な場合があるかもしれませんが、通常はその建物を解体します。

建物を解体するということは、債務者の作為を内容とする債務であり、しかも債務者自身が行わなくても第三者が行うことが可能な債務です。このように、債務の内容が作為を目的とするものであり、しかも第三者が行うことが可能な債務のことを**代替的作為債務**といいます。

代替的作為債務の強制執行については、二つの方法があります。一つは代替執行であり（民法414条2項、民事執行法171条）、二つ目は間接強制です（民事執行法173条、171条、172条）。

代替執行とは、債務者の費用によって、作為を実現する権限を債権者に与え（授権決定）、授権決定によって債務者以外の者が作為を実施することです。

用語の解説

代替的作為債務：債務の内容が作為を目的とするものであり、しかも第三者が行うことが可能な債務。
代替執行：債務者の費用によって、作為を実現する権限を債権者に与え（授権決定）、授権決定によって債務者以外の者が作為を実施すること（民事執行法171条）。

条文

民法414条 （履行の強制）
1 債務者が任意に債務の履行をしないときは、債権者は、その強制履行を裁判所に請求することができる。ただし、債務の性質がこれを許さないときは、この限りでない。
2 債務の性質が強制履行を許さない場合において、その債務が作為を目的とするときは、債権者は、債務者の費用で第三者にこれをさせることを裁判所に請求すること

ができる。ただし、法律行為を目的とする債務については、裁判をもって債務者の意思表示に代えることができる。

3　不作為を目的とする債務については、債務者の費用で、債務者がした行為の結果を除去し、又は将来のため適当な処分をすることを裁判所に請求することができる。

4　前3項の規定は、損害賠償の請求を妨げない。

民事執行法171条　（代替執行）

1　民法第414条第2項本文又は第3項に規定する請求に係る強制執行は、執行裁判所が民法の規定に従い決定をする方法により行う。

2　前項の執行裁判所は、第33条第2項第1号又は第6号に掲げる債務名義の区分に応じ、それぞれ当該各号に定める裁判所とする。

3　執行裁判所は、第1項の決定をする場合には、債務者を審尋しなければならない。

4　執行裁判所は、第1項の決定をする場合には、申立てにより、債務者に対し、その決定に掲げる行為をするために必要な費用をあらかじめ債権者に支払うべき旨を命ずることができる。

5　第1項の強制執行の申立て又は前項の申立てについての裁判に対しては、執行抗告をすることができる。

6　第6条第2項の規定は、第1項の決定を執行する場合について準用する。

民事執行法172条　（間接強制）

1　作為又は不作為を目的とする債務で前条第1項の強制執行ができないものについての強制執行は、執行裁判所が、債務者に対し、遅延の期間に応じ、又は相当と認める一定の期間内に履行しないときは直ちに、債務の履行を確保するために相当と認める一定の額の金銭を債権者に支払うべき旨を命ずる方法により行う。

2　事情の変更があつたときは、執行裁判所は、申立てにより、前項の規定による決定を変更することができる。

3　執行裁判所は、前2項の規定による決定をする場合には、申立ての相手方を審尋しなければならない。

4　第1項の規定により命じられた金銭の支払があつた場合において、債務不履行により生じた損害の額が支払額を超えるときは、債権者は、その超える額について損害賠償の請求をすることを妨げられない。

5　第1項の強制執行の申立て又は第2項の申立てについての裁判に対しては、執行抗告をすることができる。

6　前条第2項の規定は、第1項の執行裁判所について準用する。

民事執行法173条

1　第168条第1項、第169条第1項、第170条第1項及び第171条第1項に規定する強制執行は、それぞれ第168条から第171条までの規定により行うほか、債権者の申立てがあるときは、執行裁判所が前条第1項に規定する方法により行う。この場合においては、同条第2項から第5項までの規定を準用する。

2　前項の執行裁判所は、第33条第2項各号（第1号の2及び第4号を除く。）に掲げる債務名義の区分に応じ、それぞれ当該債務名義についての執行文付与の訴えの管轄裁判所とする。

32 審判で子との面会交流を決めた！ でも、子に会わせてくれない！！

不代替的作為債務の強制執行

A男さんはB子さんを相手方にした審判でお子さんのC子ちゃんとの面会交流が決まったんだけど、会わせてくれないんだって

強制的に会わせてもらうことはできるの？

子との面会交流！ 強制執行できるの？

　A男さんとB子さんは婚姻して子のC子ちゃんをもうけましたが、その後別居を経て離婚してB子さんはC子ちゃんを連れて実家に帰っています。

　A男さんは、B子さんを相手方として面会交流の審判を申し立てて、審判では毎月第1土曜日の午後2時から午後5時までの間A男さんがC子ちゃんと面会交流することが認められました。

　ところが、B子さんはC子ちゃんが面会することを嫌がっていると言って面会させてくれません。

　A男さんは面会交流の強制執行によって面会することはできるのでしょうか。

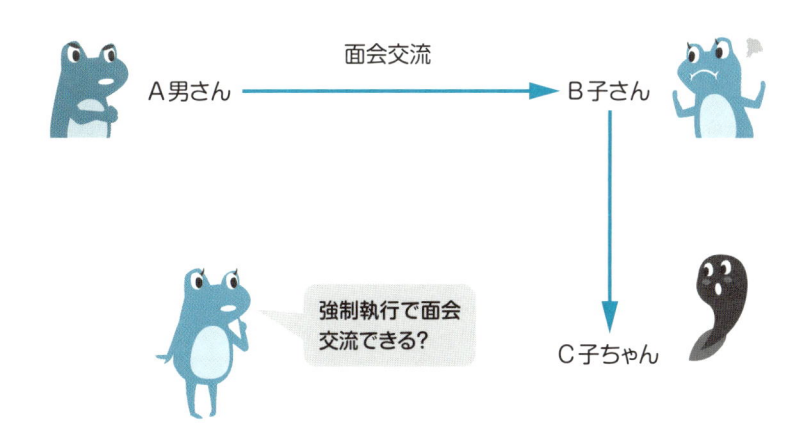

問題のツボ〜不代替的作為債務の強制執行

　親の子に対する面会交流は、子の監護に関する処分として家庭裁判所に対して審判を申し立てることができます（民法766条、家事事件手続法150条、同別表第二の3項）。この審判に対しては即時抗告をすることができ（家事事件手続法156条4号）、確定すると民事執行法22条3号によって債務名義となります。

　Ｂ子さんがＣ子ちゃんをＡ男さんに面会させる債務は、作為を内容とするものですがＢ子さんしか履行することができない**不代替的作為債務**です。

　このような不代替的作為債務の強制執行としては、間接強制があります（民事執行法172条）。

問題解決のコツ

　それではＡ男さんはＣ子ちゃんとの面会の間接強制をすることができるのでしょうか。

　この点現実には微妙です。

　というのは親が子に対して面会交流できる権利があるといっても子にも自由があるわけで、家事事件手続法においても審判をするにあたっては子の意思を考慮しなければならないと規定されています（家事事件手続法65条）。

　大阪高等裁判所平成24年3月29日決定（判例時報2288号36頁）は、子が10歳の長女であり父親との面会をかたくなに拒んでいる事案について、面会交流の間接強制を認めませんでした。

　子との面会交流の間接強制が認められるか否かは、子の年齢や子の態度などを考慮してケースバイケースで許否が判断されるものと考えられます。

用語の解説

不代替的作為債務：作為を内容とする債務であり、債務者以外の第三者が履行することができないもの。

条文

民法766条　（離婚後の子の監護に関する事項の定め等）

1　父母が協議上の離婚をするときは、子の監護をすべき者、父又は母と子との面会及びその他の交流、子の監護に要する費用の分担その他の子の監護について必要な事項は、その協議で定める。この場合においては、子の利益を最も優先して考慮しな

けなければならない。

2　前項の協議が調わないとき、又は協議をすることができないときは、家庭裁判所が、同項の事項を定める。

3　家庭裁判所は、必要があると認めるときは、前2項の規定による定めを変更し、その他子の監護について相当な処分を命ずることができる。

4　前3項の規定によっては、監護の範囲外では、父母の権利義務に変更を生じない。

家事事件手続法65条

家庭裁判所は、親子、親権又は未成年後見に関する家事審判その他未成年者である子（未成年被後見人を含む。以下この条において同じ。）がその結果により影響を受ける家事審判の手続においては、子の陳述の聴取、家庭裁判所調査官による調査その他の適切な方法により、子の意思を把握するように努め、審判をするに当たり、子の年齢及び発達の程度に応じて、その意思を考慮しなければならない。

家事事件手続法150条　（管轄）

次の各号に掲げる審判事件は、当該各号に定める地を管轄する家庭裁判所の管轄に属する。

1　夫婦間の協力扶助に関する処分の審判事件（別表第2の1の項の事項についての審判事件をいう。次条第1号において同じ。）　夫又は妻の住所地

2　夫婦財産契約による財産の管理者の変更等の審判事件（別表第1の58の項の事項についての審判事件をいう。）　夫又は妻の住所地

3　婚姻費用の分担に関する処分の審判事件（別表第2の2の項の事項についての審判事件をいう。）　夫又は妻の住所地

4　子の監護に関する処分の審判事件（別表第2の3の項の事項についての審判事件をいう。次条第2号において同じ。）　子（父又は母を同じくする数人の子についての申立てに係るものにあっては、そのうちの一人）の住所地

5　財産の分与に関する処分の審判事件（別表第2の4の項の事項についての審判事件をいう。）　夫又は妻であった者の住所地

6　離婚等の場合における祭具等の所有権の承継者の指定の審判事件（別表第2の5の項の事項についての審判事件をいう。）所有者の住所地

家事事件手続法156条　（即時抗告）

次の各号に掲げる審判に対しては、当該各号に定める者は、即時抗告をすることができる。

1　夫婦間の協力扶助に関する処分の審判及びその申立てを却下する審判　夫及び妻

2　夫婦財産契約による財産の管理者の変更等の審判及びその申立てを却下する審判　夫及び妻

3　婚姻費用の分担に関する処分の審判及びその申立てを却下する審判　夫及び妻

4　子の監護に関する処分の審判及びその申立てを却下する審判　子の父母及び子の監護者

5　財産の分与に関する処分の審判及びその申立てを却下する審判　夫又は妻であった者

6　離婚等の場合における祭具等の所有権の承継者の指定の審判及びその申立てを却下する審判　婚姻の当事者（民法第751条第2項において準用する同法第769条第2項の規定による場合にあっては、生存配偶者）その他の利害関係人

民事執行法22条 （債務名義）

強制執行は、次に掲げるもの（以下「債務名義」という。）により行う。

1 確定判決

2 仮執行の宣言を付した判決

3 抗告によらなければ不服を申し立てることができない裁判（確定しなければその効力を生じない裁判にあつては、確定したものに限る。）

3の2　仮執行の宣言を付した損害賠償命令

4 仮執行の宣言を付した支払督促

4の2　訴訟費用、和解の費用若しくは非訟事件（他の法令の規定により非訟事件手続法（平成23年法律第51号）の規定を準用することとされる事件を含む。）若しくは家事事件の手続の費用の負担の額を定める裁判所書記官の処分又は第42条第4項に規定する執行費用及び返還すべき金銭の額を定める裁判所書記官の処分（後者の処分にあつては、確定したものに限る。）

5 金銭の一定の額の支払又はその他の代替物若しくは有価証券の一定の数量の給付を目的とする請求について公証人が作成した公正証書で、債務者が直ちに強制執行に服する旨の陳述が記載されているもの（以下「執行証書」という。）

6 確定した執行判決のある外国裁判所の判決

6の2　確定した執行決定のある仲裁判断

7 確定判決と同一の効力を有するもの（第3号に掲げる裁判を除く。）

民事執行法172条 （間接強制）

1 作為又は不作為を目的とする債務で前条第1項の強制執行ができないものについての強制執行は、執行裁判所が、債務者に対し、遅延の期間に応じ、又は相当と認める一定の期間内に履行しないときは直ちに、債務の履行を確保するために相当と認める一定の額の金銭を債権者に支払うべき旨を命ずる方法により行う。

2 事情の変更があつたときは、執行裁判所は、申立てにより、前項の規定による決定を変更することができる。

3 執行裁判所は、前2項の規定による決定をする場合には、申立ての相手方を審尋しなければならない。

4 第1項の規定により命じられた金銭の支払があつた場合において、債務不履行により生じた損害の額が支払額を超えるときは、債権者は、その超える額について損害賠償の請求をすることを妨げられない。

5 第1項の強制執行の申立て又は第2項の申立てについての裁判に対しては、執行抗告をすることができる。

6 前条第2項の規定は、第1項の執行裁判所について準用する。

33 画家に肖像画を描いてもらうことを約束したのに、気分が乗らないと言って描いてくれない！

不代替的作為債務の強制執行

画家のBさんに100万円を払うことで僕の肖像画を描いてもらう約束をしたんだけど、Bさんは気分が乗らないと言って描いてくれない

強制的に描いてもらうことってできないの？

2

画家に肖像画を強制的に描いてもらう？

　Aさんは、画家のBさんと100万円で自分の肖像画を描いてもらう約束をしました。

　ところが、Bさんは気分が乗らないと言って描いてくれません。

　Aさんは、Bさんに訴訟を提起して勝訴判決を得れば、Bさんに肖像画を描くように強制執行することができるのでしょうか？

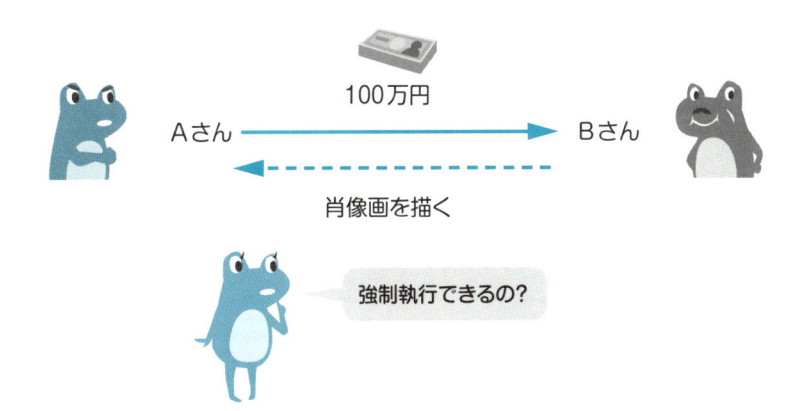

100万円

Aさん　→　Bさん

肖像画を描く

強制執行できるの？

問題のツボ～不代替的作為債務の執行

画家が依頼者の肖像画を描くということはその画家にしかできないことであり、第三者が描くことはできません。肖像画を描くという債務は作為を内容とする債務であり、しかも第三者が履行することはできないものです。このような債務を**不代替的作為債務**といいます。

不代替的作為債務の強制執行はどのように行うのでしょうか。

それは間接強制によります（民事執行法172条）。

間接強制は、債務者に金銭の支払いを命じて債務の履行を心理的に強制して債務を実現させようとする強制執行です。

問題解決のコツ

それでは、画家のBさんに対してAさんは肖像画を描くように間接強制を申し立てることができるでしょうか。

画家が肖像画を描く債務は、画家の心理を強制して実現するものではなく、あくまでも画家が肖像画を描くという意思によらないと実現することができない債務であると考えられています。

従って、Aさんは、Bさんに対して間接強制を申し立てることはできません。

Aさんとしては、Bさんの債務不履行に基づいて契約を解除して代金を支払っているのであればそれを返してもらい、損害が発生しているのであれば損害賠償を請求するしかありません。

用語の解説

不代替的作為債務：作為を内容とする債務であり、しかも債務者以外の第三者が履行することはできないもの。

間接強制：債務者に金銭の支払いを命じて債務の履行を心理的に強制して債務を実現させようとする強制執行（民事執行法172条）。

条文

民事執行法22条　（債務名義）

強制執行は、次に掲げるもの（以下「債務名義」という。）により行う。

1　確定判決

2　仮執行の宣言を付した判決

3　抗告によらなければ不服を申し立てることができない裁判（確定しなければその

効力を生じない裁判にあつては、確定したものに限る。)

3の2　仮執行の宣言を付した損害賠償命令

4　仮執行の宣言を付した支払督促

4の2　訴訟費用、和解の費用若しくは非訟事件（他の法令の規定により非訟事件手続法（平成23年法律第51号）の規定を準用することとされる事件を含む。）若しくは家事事件の手続の費用の負担の額を定める裁判所書記官の処分又は第42条第4項に規定する執行費用及び返還すべき金銭の額を定める裁判所書記官の処分（後者の処分にあつては、確定したものに限る。）

5　金銭の一定の額の支払又はその他の代替物若しくは有価証券の一定の数量の給付を目的とする請求について公証人が作成した公正証書で、債務者が直ちに強制執行に服する旨の陳述が記載されているもの（以下「執行証書」という。）

6　確定した執行判決のある外国裁判所の判決

6の2　確定した執行決定のある仲裁判断

7　確定判決と同一の効力を有するもの（第3号に掲げる裁判を除く。）

民事執行法172条　（間接強制）

1　作為又は不作為を目的とする債務で前条第1項の強制執行ができないものについての強制執行は、執行裁判所が、債務者に対し、遅延の期間に応じ、又は相当と認める一定の期間内に履行しないときは直ちに、債務の履行を確保するために相当と認める一定の額の金銭を債権者に支払うべき旨を命ずる方法により行う。

2　事情の変更があつたときは、執行裁判所は、申立てにより、前項の規定による決定を変更することができる。

3　執行裁判所は、前2項の規定による決定をする場合には、申立ての相手方を審尋しなければならない。

4　第1項の規定により命じられた金銭の支払があつた場合において、債務不履行により生じた損害の額が支払額を超えるときは、債権者は、その超える額について損害賠償の請求をすることを妨げられない。

5　第1項の強制執行の申立て又は第2項の申立てについての裁判に対しては、執行抗告をすることができる。

6　前条第2項の規定は、第1項の執行裁判所について準用する。

2

34 小説を無断で映画化してDVDを販売された！やめさせたい！！

不作為義務の強制執行

僕が書いた小説を題材にしてB社が勝手に映画化してDVDにして売っている！

止めさせないと……

DVDの販売を止めさせたい

　AさんはB社がDVDにして売っている映画を見たところ、自分が書いた小説を題材にしていることがわかりました。

　著作権を侵害されたと考えたAさんはこのまま黙っているわけにはいきません。

　まずはB社がそのDVDを販売することを止めさせたいのですが……

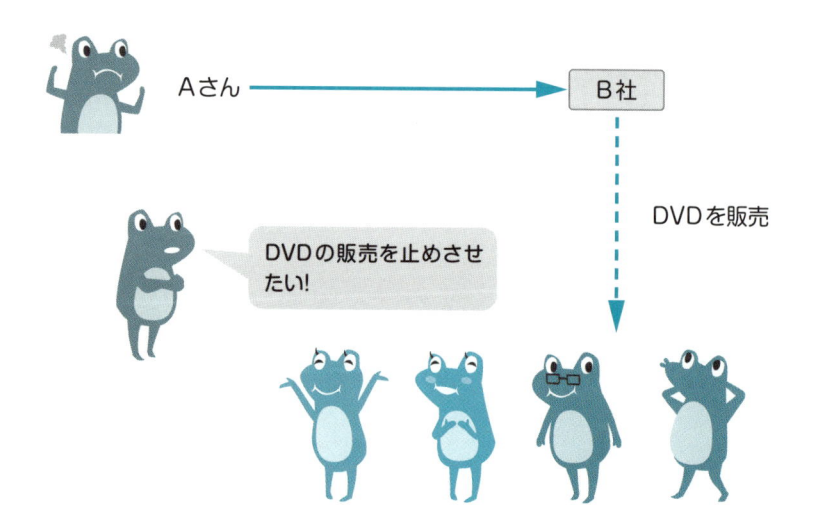

問題のツボ～不作為義務の強制執行

小説は、思想又は感情を創作的に表現したものであって、文芸、学術、美術又は音楽の範囲に属するものであり著作物です（著作権法2条1項1号、10条1項1号）。

小説を書いたAさんはその小説の著作者であり（著作権法2条1項2号）、著作権（著作財産権）と著作者人格権を有します。

小説を題材に映画を制作するということは、小説を翻案するということであり、映画という二次的著作物（著作権法2条1項11号）を制作することです。

そこで、Aさんが書いた小説をB社が無断で映画化したことは、Aさんの翻案権（著作権法27条）を侵害したことになります。

また、B社が制作した映画という二次的著作物についてAさんは原著作者としてその映画の利用に関してB社と同一の種類の権利を有します（著作権法28条）。B社はその映画について頒布権を有していますから（著作権法26条）、Aさんもその映画について頒布権を有します。

Aさんの許諾なくB社がDVDを販売することはAさんの頒布権を侵害していることになります。

このように、B社がAさんの許諾を得ずにAさんの小説を題材にして映画化し、そのDVDを販売するということは、Aさんの翻案権と頒布権を侵害しています。その他Aさんの著作者人格権も侵害していますがここではおいておきます。

問題解決のコツ

翻案権と頒布権を侵害されたAさんは、B社に対して損害賠償を請求することができます（民法709条、著作権法114条）。

また、Aさんは、B社に対して映画化しないことやDVDを販売しないことを請求することができます（著作権法112条）。

B社がAさんの許諾なく映画化しないことやDVDを販売しないことは、不作為を内容とする義務です。

不作為義務の強制執行は民事執行法では間接強制が認められています（民事執行法172条）。

そこで、Aさんは、B社に対して映画化しないことやDVDを販売しないことの確定判決を得て（民事執行法22条1号）、それを債務名義として間接強制を申し立てることになります。

2

民法709条 （不法行為による損害賠償）
　故意又は過失によって他人の権利又は法律上保護される利益を侵害した者は、これによって生じた損害を賠償する責任を負う。

著作権法2条1項1号、2号、11号 （定義）
1　この法律において、次の各号に掲げる用語の意義は、当該各号に定めるところによる。
　　1　著作物　思想又は感情を創作的に表現したものであつて、文芸、学術、美術又は音楽の範囲に属するものをいう。
　　2　著作者　著作物を創作する者をいう。
　　3～10省略
　　11　二次的著作物　著作物を翻訳し、編曲し、若しくは変形し、又は脚色し、映画化し、その他翻案することにより創作した著作物をいう。
　　12～23省略
2～9省略

著作権法10条 （著作物の例示）
1　この法律にいう著作物を例示すると、おおむね次のとおりである。
　　1　小説、脚本、論文、講演その他の言語の著作物
　　2　音楽の著作物
　　3　舞踊又は無言劇の著作物
　　4　絵画、版画、彫刻その他の美術の著作物
　　5　建築の著作物
　　6　地図又は学術的な性質を有する図面、図表、模型その他の図形の著作物
　　7　映画の著作物
　　8　写真の著作物
　　9　プログラムの著作物
2　事実の伝達にすぎない雑報及び時事の報道は、前項第1号に掲げる著作物に該当しない。
3　第1項第9号に掲げる著作物に対するこの法律による保護は、その著作物を作成するために用いるプログラム言語、規約及び解法に及ばない。この場合において、これらの用語の意義は、次の各号に定めるところによる。
　　1　プログラム言語　プログラムを表現する手段としての文字その他の記号及びその体系をいう。
　　2　規約　特定のプログラムにおける前号のプログラム言語の用法についての特別の約束をいう。
　　3　解法　プログラムにおける電子計算機に対する指令の組合せの方法をいう。

著作権法26条 （頒布権）
1　著作者は、その映画の著作物をその複製物により頒布する権利を専有する。
2　著作者は、映画の著作物において複製されているその著作物を当該映画の著作物の複製物により頒布する権利を専有する。

著作権法27条　(翻訳権、翻案権等)

著作者は、その著作物を翻訳し、編曲し、若しくは変形し、又は脚色し、映画化し、その他翻案する権利を専有する。

著作権法28条　(二次的著作物の利用に関する原著作者の権利)

二次的著作物の原著作物の著作者は、当該二次的著作物の利用に関し、この款に規定する権利で当該二次的著作物の著作者が有するものと同一の種類の権利を専有する。

著作権法112条　(差止請求権)

1　著作者、著作権者、出版権者、実演家又は著作隣接権者は、その著作者人格権、著作権、出版権、実演家人格権又は著作隣接権を侵害する者又は侵害するおそれがある者に対し、その侵害の停止又は予防を請求することができる。

2　著作者、著作権者、出版権者、実演家又は著作隣接権者は、前項の規定による請求をするに際し、侵害の行為を組成した物、侵害の行為によつて作成された物又は専ら侵害の行為に供された機械若しくは器具の廃棄その他の侵害の停止又は予防に必要な措置を請求することができる。

著作権法114条　(損害の額の推定等)

1　著作権者、出版権者又は著作隣接権者 (以下この項において「著作権者等」という。) が故意又は過失により自己の著作権、出版権又は著作隣接権を侵害した者に対しその侵害により自己が受けた損害の賠償を請求する場合において、その者がその侵害の行為によつて作成された物を譲渡し、又はその侵害の行為を組成する公衆送信 (自動公衆送信の場合にあつては、送信可能化を含む。) を行つたときは、その譲渡した物の数量又はその公衆送信が公衆によつて受信されることにより作成された著作物若しくは実演等の複製物 (以下この項において「受信複製物」という。) の数量 (以下この項において「譲渡等数量」という。) に、著作権者等がその侵害の行為がなければ販売することができた物 (受信複製物を含む。) の単位数量当たりの利益の額を乗じて得た額を、著作権者等の当該物に係る販売その他の行為を行う能力に応じた額を超えない限度において、著作権者等が受けた損害の額とすることができる。ただし、譲渡等数量の全部又は一部に相当する数量を著作権者等が販売することができないとする事情があるときは、当該事情に相当する数量に応じた額を控除するものとする。

2　著作権者、出版権者又は著作隣接権者が故意又は過失によりその著作権、出版権又は著作隣接権を侵害した者に対しその侵害により自己が受けた損害の賠償を請求する場合において、その者がその侵害の行為により利益を受けているときは、その利益の額は、当該著作権者、出版権者又は著作隣接権者が受けた損害の額と推定する。

3　著作権者、出版権者又は著作隣接権者は、故意又は過失によりその著作権、出版権又は著作隣接権を侵害した者に対し、その著作権、出版権又は著作隣接権の行使につき受けるべき金銭の額に相当する額を自己が受けた損害の額として、その賠償を請求することができる。

4　前項の規定は、同項に規定する金額を超える損害の賠償の請求を妨げない。この場合において、著作権、出版権又は著作隣接権を侵害した者に故意又は重大な過失がなかつたときは、裁判所は、損害の賠償の額を定めるについて、これを参酌することができる。

2

民事執行法172条 （間接強制）

1 作為又は不作為を目的とする債務で前条第1項の強制執行ができないものについての強制執行は、執行裁判所が、債務者に対し、遅延の期間に応じ、又は相当と認める一定の期間内に履行しないときは直ちに、債務の履行を確保するために相当と認める一定の額の金銭を債権者に支払うべき旨を命ずる方法により行う。

2 事情の変更があつたときは、執行裁判所は、申立てにより、前項の規定による決定を変更することができる。

3 執行裁判所は、前2項の規定による決定をする場合には、申立ての相手方を審尋しなければならない。

4 第1項の規定により命じられた金銭の支払があつた場合において、債務不履行により生じた損害の額が支払額を超えるときは、債権者は、その超える額について損害賠償の請求をすることを妨げられない。

5 第1項の強制執行の申立て又は第2項の申立てについての裁判に対しては、執行抗告をすることができる。

6 前条第2項の規定は、第1項の執行裁判所について準用する。

35 土地を買ったのに売主が 移転登記に応じない!

意思表示の擬制

Aさんから土地を買って代金も支払ったのに、Aさんと連絡が
つかなくなってしまって移転登記ができない

それじゃ移転登記の強制執行をすることになるの?

移転登記手続の強制執行?

BさんはAさんから土地を買って代金も支払いました。そうしたところ、Aさんが
どこかへ行ってしまい、連絡がつかなくなってしまいました。これでは土地の所有権
移転登記ができません。

Aさんの協力を得ずに所有権移転登記をする方法は?

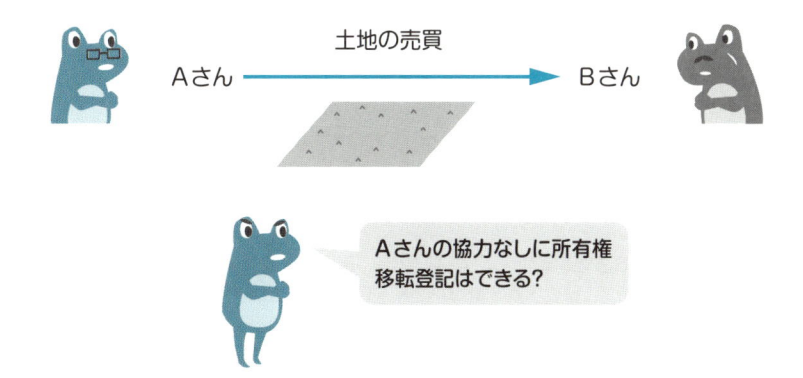

問題のツボ〜意思表示の擬制

　AB間で土地の売買契約が結ばれた場合、その土地の所有権移転登記手続は法務局に対して売主と買主が共同して申請するのが原則です（不動産登記法16条1項、60条）。

　売主は売買契約に基づいて所有権移転登記に協力する義務があります。

　そこで、まずBさんは、Aさんを被告にして売買契約に基づいて所有権移転登記手続をすることを求める訴訟を提起することになります。この訴訟は、所有権移転登記手続をするという意思表示を求める訴訟です。

　訴状に記載する請求の趣旨は、「被告は、原告に対し別紙物件目録記載の土地について所有権移転登記手続をせよ。」などとなります。

　そして、Bさんはこの勝訴判決に基づいて登記をすることになります。

問題解決のコツ

　Bさんが勝訴判決に基づいて登記をする場合には、執行裁判所に強制執行の申立てをする必要はなく、判決正本と判決の確定証明書を法務局に提出すれば自己単独で所有権移転登記手続の申請を行うことができます（不動産登記法63条1項）。

　この場合には、Bさんの勝訴判決が確定した時にAさんが所有権移転登記手続をする意思表示をしたとみなされます（民事執行法174条1項）。

条文

不動産登記法16条　（当事者の申請又は嘱託による登記）

1　登記は、法令に別段の定めがある場合を除き、当事者の申請又は官庁若しくは公署の嘱託がなければ、することができない。

2　第2条第14号、第5条、第6条第3項、第10条及びこの章（この条、第27条、第28条、第32条、第34条、第35条、第41条、第43条から第46条まで、第51条第5項及び第6項、第53条第2項、第56条、第58条第1項及び第4項、第59条第1号、第3号から第6号まで及び第8号、第66条、第67条、第71条、第73条第1項第2号から第4号まで、第2項及び第3項、第76条、第78条から第86条まで、第88条、第90条から第92条まで、第94条、第95条第1項、第96条、第97条、第98条第2項、第101条、第102条、第106条、第108条、第112条、第114条から第117条まで並びに第118条第2項、第5項及び第6項を除く。）の規定は、官庁又は公署の嘱託による登記の手続について準用する。

不動産登記法60条　（共同申請）

　権利に関する登記の申請は、法令に別段の定めがある場合を除き、登記権利者及び登記義務者が共同してしなければならない。

不動産登記法63条　（判決による登記等）

1 第60条、第65条又は第89条第1項（同条第2項（第95条第2項において準用する場合を含む。）及び第95条第2項において準用する場合を含む。）の規定にかかわらず、これらの規定により申請を共同してしなければならない者の一方に登記手続をすべきことを命ずる確定判決による登記は、当該申請を共同してしなければならない者の他方が単独で申請することができる。

2 相続又は法人の合併による権利の移転の登記は、登記権利者が単独で申請することができる。

民事執行法174条 （意思表示の擬制）

1 意思表示をすべきことを債務者に命ずる判決その他の裁判が確定し、又は和解、認諾、調停若しくは労働審判に係る債務名義が成立したときは、債務者は、その確定又は成立の時に意思表示をしたものとみなす。ただし、債務者の意思表示が、債権者の証明すべき事実の到来に係るときは第27条第1項の規定により執行文が付与された時に、反対給付との引換え又は債務の履行その他の債務者の証明すべき事実のないことに係るときは次項又は第3項の規定により執行文が付与された時に意思表示をしたものとみなす。

2 債務者の意思表示が反対給付との引換えに係る場合においては、執行文は、債権者が反対給付又はその提供のあつたことを証する文書を提出したときに限り、付与することができる。

3 債務者の意思表示が債務者の証明すべき事実のないことに係る場合において、執行文の付与の申立てがあつたときは、裁判所書記官は、債務者に対し一定の期間を定めてその事実を証明する文書を提出すべき旨を催告し、債務者がその期間内にその文書を提出しないときに限り、執行文を付与することができる。

2

第3章 担保権を実行する

～担保権の実行としての競売等～

【担保権の実行としての競売等】

抵当権はつけたけど、お金を回収するには？

抵当権の実行手続〜担保不動産競売と担保不動産収益執行

Bさんにお金を貸すときに抵当権はつけたんだけど…

抵当権があるとどのようにしてお金を回収するの？

抵当権によってお金を回収するには？

Aさんは Bさんにお金を貸すに際して担保をとっておこうとして Bさんの土地に抵当権を設定してもらいました。

ところで、Bさんが貸金を返さないときに抵当権によってどのように貸金を回収することになるのでしょうか。

問題のツボ〜担保権の実行としての競売等

民事執行法1条は、民事執行の内容として、①担保権の実行としての競売と②民法、商法その他の法律による換価のための競売を規定し、第3章に担保権の実行としての競売等を置き（民事執行法 180条〜 195条）、その中に①担保権の実行としての競売（民事執行法 180条〜 194条）と②民法、商法その他の法律による換価のための競売（民事執行法 195条）を置いています。

そして、①担保権の実行としての競売（民事執行法 180条〜 194条）については、担保権の対象物に着目して、不動産を目的とする担保権の実行（民事執行法 180条〜 188条）、船舶を目的とする担保権の実行（民事執行法 189条）、動産を目的とする担保権の実行（民事執行法 190条〜 192条）、債権その他の財産権を目的とする担保権の実行（民事執行法 193条）を規定しています。

②民法、商法その他の法律による換価のための競売については、195条に一か条だけ規定し、担保権の実行としての競売の例によるとしています。

▼担保権の実行としての競売の体系

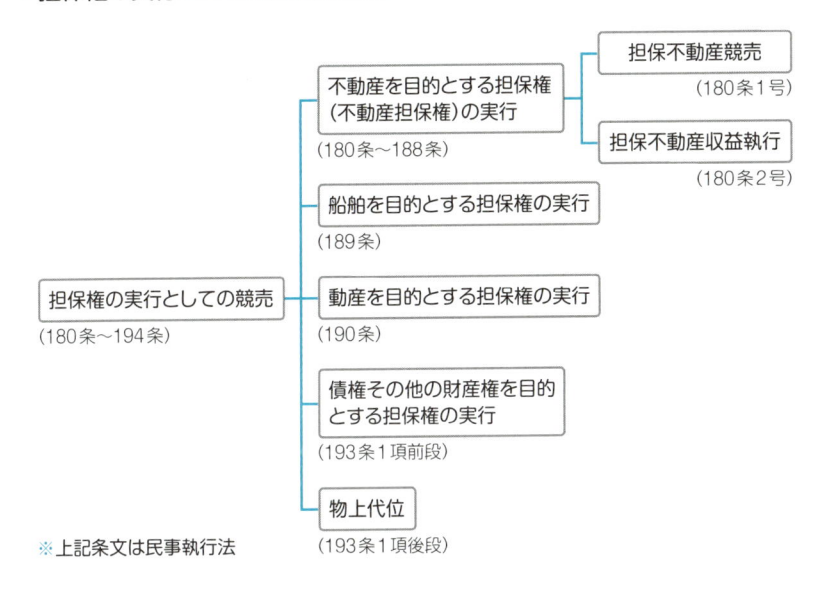

担保権の実行としての競売
(180条～194条)

不動産を目的とする担保権
(不動産担保権)の実行
(180条～188条)

担保不動産競売
(180条1号)

担保不動産収益執行
(180条2号)

船舶を目的とする担保権の実行
(189条)

動産を目的とする担保権の実行
(190条)

債権その他の財産権を目的
とする担保権の実行
(193条1項前段)

物上代位
(193条1項後段)

※上記条文は民事執行法

3

問題解決のコツ

　不動産を目的とする担保権を**不動産担保権**といい（民事執行法180条）、抵当権が不動産担保権の典型ですが、不動産担保権の実行方法は、債権者が担保不動産競売か担保不動産収益執行を選択して行います。

　担保不動産競売とは、競売による不動産担保権の実行であり（民事執行法180条1号）、民事執行法81条（法定地上権）を除き強制競売に関する規定が準用されます（民事執行法188条）。民事執行法81条の準用が除かれているのは抵当権については民法388条が法定地上権を定めているからです。

　担保不動産収益執行とは、不動産から生じる収益を被担保債権の弁済に充てる方法による不動産担保権の実行であり（民事執行法180条2号）、強制管理の規定が準用されています（民事執行法188条）。

用語の解説

不動産担保権：不動産を目的とする担保権（民事執行法 180 条）。
担保不動産競売：競売による不動産担保権の実行（民事執行法 180 条 1 号）。
担保不動産収益執行：不動産から生じる収益を被担保債権の弁済に充てる方法
による不動産担保権の実行（民事執行法 180 条 2 号）。

条文

民法 388 条　（法定地上権）

土地及びその上に存する建物が同一の所有者に属する場合において、その土地又は建物につき抵当権が設定され、その実行により所有者を異にするに至ったときは、その建物について、地上権が設定されたものとみなす。この場合において、地代は、当事者の請求により、裁判所が定める。

民事執行法 1 条　（趣旨）

強制執行、担保権の実行としての競売及び民法（明治 29 年法律第 89 号）、商法（明治 32 年法律第 48 号）その他の法律の規定による換価のための競売並びに債務者の財産の開示（以下「民事執行」と総称する。）については、他の法令に定めるもののほか、この法律の定めるところによる。

民事執行法 81 条　（法定地上権）

土地及びその上にある建物が債務者の所有に属する場合において、その土地又は建物の差押えがあり、その売却により所有者を異にするに至つたときは、その建物について、地上権が設定されたものとみなす。この場合においては、地代は、当事者の請求により、裁判所が定める。

民事執行法 180 条　（不動産担保権の実行の方法）

不動産（登記することができない土地の定着物を除き、第 43 条第 2 項の規定により不動産とみなされるものを含む。以下この章において同じ。）を目的とする担保権（以下この章において「不動産担保権」という。）の実行は、次に掲げる方法であつて債権者が選択したものにより行う。

1 担保不動産競売（競売による不動産担保権の実行をいう。以下この章において同じ。）の方法

2 担保不動産収益執行（不動産から生ずる収益を被担保債権の弁済に充てる方法による不動産担保権の実行をいう。以下この章において同じ。）の方法

民事執行法 188 条　（不動産執行の規定の準用）

第 44 条の規定は不動産担保権の実行について、前章第 2 節第 1 款第 2 目（第 81 条を除く。）の規定は担保不動産競売について、同款第 3 目の規定は担保不動産収益執行について準用する。

【担保権の実行としての競売等】

2 抵当権によって担保不動産競売をしたい！債務名義は必要？

担保不動産競売の実行手続

Bさんがお金を返してくれないので抵当権をつけている土地の競売をしたい

債務名義っているの？

担保不動産競売！ 債務名義は必要？

　AさんはBさんに事業資金として1000万円を貸して金銭消費貸借契約書を作り、Bさんの土地に抵当権の設定を受けてその登記もしました。

　Bさんが貸付金を返してくれないのでAさんは抵当権を実行して担保不動産競売を申し立てようと考えています。

　Aさんには確定判決も執行証書もありません。これで担保不動産競売の申立てができるのでしょうか。

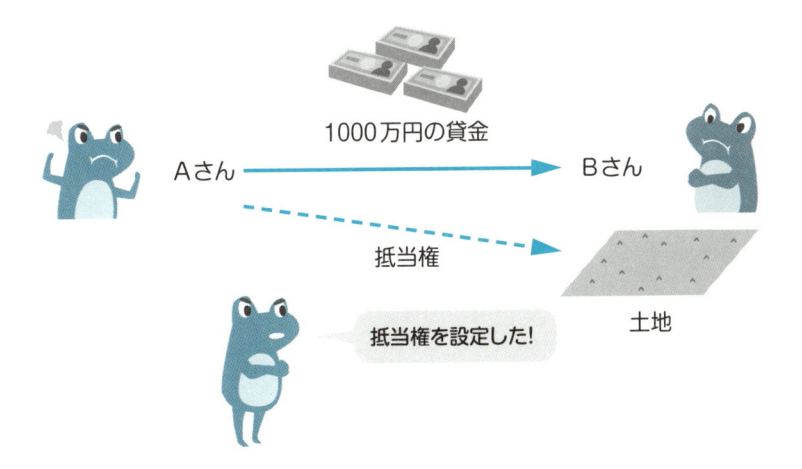

1000万円の貸金

Aさん ────────→ Bさん

抵当権

抵当権を設定した！

土地

問題のツボ〜債務名義の要否

　強制執行は執行文の付された債務名義の正本に基づいて行われます（民事執行法25条）。これは強制的に債権を実現するためには債務名義といういわば公証された債権のみに強制力を認めようとしたわけです（民事執行法22条）。

　これに対して、担保不動産競売には民事執行法81条を除く強制競売に関する規定が準用されますが（民事執行法188条）、担保不動産競売や担保不動産収益執行の不動産担保権の実行には、債務名義は必要ありません。

　そのかわり担保権の存在を認識できる一定の文書が必要で、その文書が民事執行法181条1項に規定されています。

　最も多く利用されている文書は、民事執行法181条1項3号の担保権の登記に関する登記事項証明書であり、土地登記簿謄本や建物登記簿謄本が使用されています。

問題解決のコツ

　担保不動産競売や担保不動産収益執行の不動産担保権の実行手続には債務名義は必要ないので、債権の存在や内容を争う場合にも請求異議の訴え（民事執行法35条）は認められていません。

　そのかわりに、被担保債権の存在や消滅を争うために不動産担保権の実行の開始決定に対して執行抗告又は執行異議が認められています（民事執行法182条、10条、11条）。

▼担保不動産競売の流れ

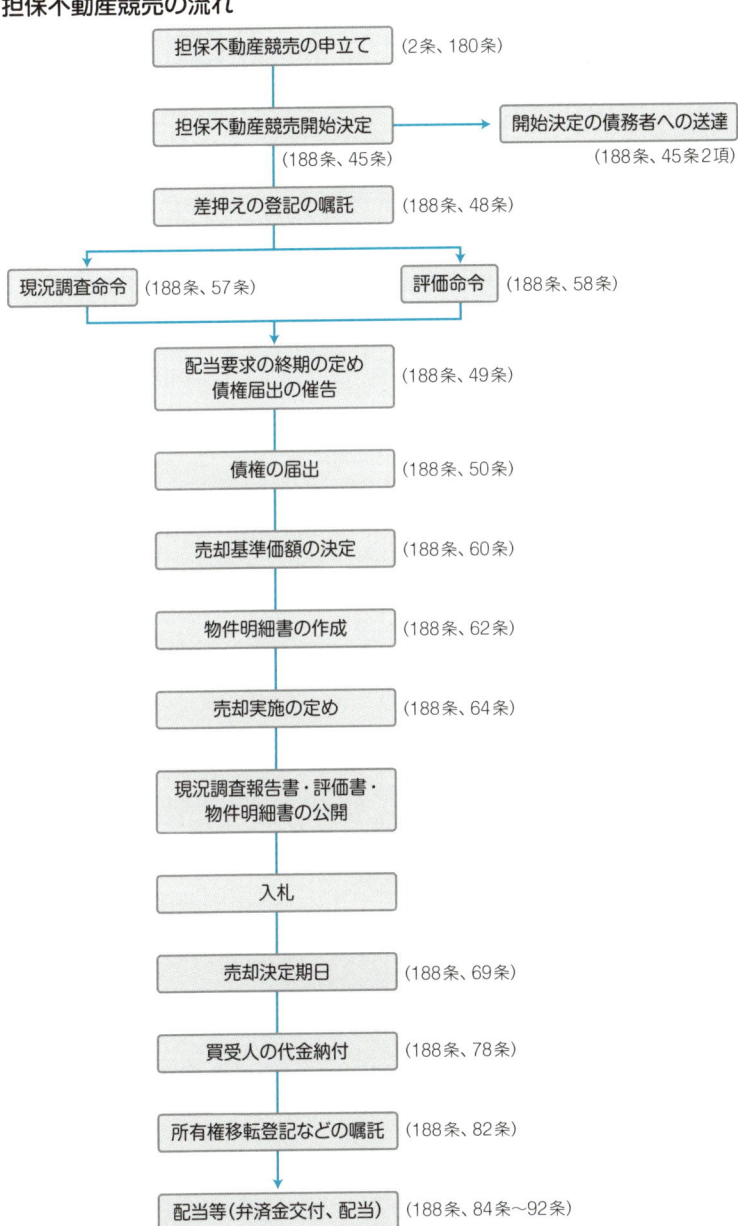

担保不動産競売の申立て (2条、180条)

↓

担保不動産競売開始決定 → 開始決定の債務者への送達
(188条、45条)　　　　　　　　　(188条、45条2項)

↓

差押えの登記の嘱託 (188条、48条)

↓

現況調査命令 (188条、57条)　　　評価命令 (188条、58条)

↓

配当要求の終期の定め
債権届出の催告 (188条、49条)

↓

債権の届出 (188条、50条)

↓

売却基準価額の決定 (188条、60条)

↓

物件明細書の作成 (188条、62条)

↓

売却実施の定め (188条、64条)

↓

現況調査報告書・評価書・
物件明細書の公開

↓

入札

↓

売却決定期日 (188条、69条)

↓

買受人の代金納付 (188条、78条)

↓

所有権移転登記などの嘱託 (188条、82条)

↓

配当等（弁済金交付、配当） (188条、84条〜92条)

※上記条文は民事執行法

3

民事執行法10条 （執行抗告）

1 民事執行の手続に関する裁判に対しては、特別の定めがある場合に限り、執行抗告をすることができる。

2 執行抗告は、裁判の告知を受けた日から1週間の不変期間内に、抗告状を原裁判所に提出してしなければならない。

3 抗告状に執行抗告の理由の記載がないときは、抗告人は、抗告状を提出した日から1週間以内に、執行抗告の理由書を原裁判所に提出しなければならない。

4 執行抗告の理由は、最高裁判所規則で定めるところにより記載しなければならない。

5 次の各号に該当するときは、原裁判所は、執行抗告を却下しなければならない。

  1 抗告人が第3項の規定による執行抗告の理由書の提出をしなかつたとき。

  2 執行抗告の理由の記載が明らかに前項の規定に違反しているとき。

  3 執行抗告が不適法であつてその不備を補正することができないことが明らかであるとき。

  4 執行抗告が民事執行の手続を不当に遅延させることを目的としてされたものであるとき。

6 抗告裁判所は、執行抗告についての裁判が効力を生ずるまでの間、担保を立てさせ、若しくは立てさせないで原裁判の執行の停止若しくは民事執行の手続の全部若しくは一部の停止を命じ、又は担保を立てさせてこれらの続行を命ずることができる。事件の記録が原裁判所に存する間は、原裁判所も、これらの処分を命ずることができる。

7 抗告裁判所は、抗告状又は執行抗告の理由書に記載された理由に限り、調査する。ただし、原裁判に影響を及ぼすべき法令の違反又は事実の誤認の有無については、職権で調査することができる。

8 第5項の規定による決定に対しては、執行抗告をすることができる。

9 第6項の規定による決定に対しては、不服を申し立てることができない。

10 民事訴訟法（平成8年法律第109号）第349条の規定は、執行抗告をすることができる裁判が確定した場合について準用する。

民事執行法11条 （執行異議）

1 執行裁判所の執行処分で執行抗告をすることができないものに対しては、執行裁判所に執行異議を申し立てることができる。執行官の執行処分及びその遅怠に対しても、同様とする。

2 前条第6項前段及び第9項の規定は、前項の規定による申立てがあつた場合について準用する。

民事執行法22条 （債務名義）

  強制執行は、次に掲げるもの（以下「債務名義」という。）により行う。

  1 確定判決

  2 仮執行の宣言を付した判決

  3 抗告によらなければ不服を申し立てることができない裁判（確定しなければその効力を生じない裁判にあつては、確定したものに限る。）

  3の2 仮執行の宣言を付した損害賠償命令

  4 仮執行の宣言を付した支払督促

4の2 訴訟費用、和解の費用若しくは非訟事件（他の法令の規定により非訟事件手続法（平成23年法律第51号）の規定を準用することとされる事件を含む。）若しくは家事事件の手続の費用の負担の額を定める裁判所書記官の処分又は第42条第4項に規定する執行費用及び返還すべき金銭の額を定める裁判所書記官の処分（後者の処分にあつては、確定したものに限る。）

5 金銭の一定の額の支払又はその他の代替物若しくは有価証券の一定の数量の給付を目的とする請求について公証人が作成した公正証書で、債務者が直ちに強制執行に服する旨の陳述が記載されているもの（以下「執行証書」という。）

6 確定した執行判決のある外国裁判所の判決

6の2 確定した執行決定のある仲裁判断

7 確定判決と同一の効力を有するもの（第3号に掲げる裁判を除く。）

民事執行法25条 （強制執行の実施）

強制執行は、執行文の付された債務名義の正本に基づいて実施する。ただし、少額訴訟における確定判決又は仮執行の宣言を付した少額訴訟の判決若しくは支払督促により、これに表示された当事者に対し、又はその者のためにする強制執行は、その正本に基づいて実施する。

民事執行法181条 （不動産担保権の実行の開始）

1 不動産担保権の実行は、次に掲げる文書が提出されたときに限り、開始する。

  1 担保権の存在を証する確定判決若しくは家事事件手続法（平成23年法律第52号）第75条の審判又はこれらと同一の効力を有するものの謄本

  2 担保権の存在を証する公証人が作成した公正証書の謄本

  3 担保権の登記（仮登記を除く。）に関する登記事項証明書

  4 一般の先取特権にあつては、その存在を証する文書

2 抵当証券の所持人が不動産担保権の実行の申立てをするには、抵当証券を提出しなければならない。

3 担保権について承継があつた後不動産担保権の実行の申立てをする場合には、相続その他の一般承継にあつてはその承継を証する文書を、その他の承継にあつてはその承継を証する裁判の謄本その他の公文書を提出しなければならない。

4 不動産担保権の実行の開始決定がされたときは、裁判所書記官は、開始決定の送達に際し、不動産担保権の実行の申立てにおいて提出された前3項に規定する文書の目録及び第1項第4号に掲げる文書の写しを相手方に送付しなければならない。

民事執行法182条 （開始決定に対する執行抗告等）

不動産担保権の実行の開始決定に対する執行抗告又は執行異議の申立てにおいては、債務者又は不動産の所有者（不動産とみなされるものにあつては、その権利者。以下同じ。）は、担保権の不存在又は消滅を理由とすることができる。

民事執行法188条 （不動産執行の規定の準用）

第44条の規定は不動産担保権の実行について、前章第2節第1款第2目（第81条を除く。）の規定は担保不動産競売について、同款第3目の規定は担保不動産収益執行について準用する。

3

3 被担保債権を弁済したのに抵当権によって担保不動産競売をされた！競売をやめさせたい！

執行抗告・執行異議

A社からの借入金について抵当権を設定していたんだけど、弁済したのに担保不動産競売をしてきた！

借入金を返したんだから担保不動産競売は止めてもらわないと

弁済したのに担保不動産競売？　そりゃないよ！

　BさんはA社からお金を借りて所有している不動産に抵当権を設定しました。その後Bさんはその借入金を返済したのですが、A社はその不動産に対して担保不動産競売をしてきました。

　借入金を返したのですから担保不動産競売は止めてもらわなければなりません。

　でも、どのようにすれば…

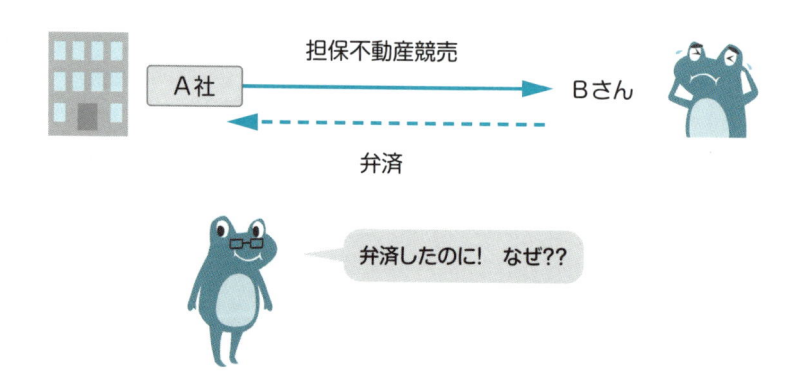

問題のツボ～執行抗告・執行異議

抵当権の被担保債権が弁済されれば付従性により抵当権は消滅します。従って、この抵当権を実行することはできず、A社の担保不動産競売は違法です。

不動産担保権の実行の開始決定に対しては、債務者又は不動産の所有者は、執行抗告又は執行異議を申し立てて、担保権の不存在又は消滅を主張することができます（民事執行法182条）。

強制執行の場合には債務名義（民事執行法22条）が必要であり、債務名義上の請求権の存在又は内容について異議があれば請求異議の訴えが認められていました（民事執行法35条）。

しかし、不動産担保権の実行では債務名義は必要ないので請求異議の訴えは認められておらず、そのかわり執行抗告又は執行異議によって担保権の不存在又は消滅を理由とすることができるのです。

執行抗告と執行異議の区別ですが、まず担保不動産競売には強制競売に関する規定が準用され、担保不動産収益執行には強制管理に関する規定が準用されます（民事執行法188条）。そして、強制競売の申立てを却下する裁判に対しては執行抗告をすることができ（民事執行法45条3項）、強制競売の申立てを認容する裁判に対しては執行異議が認められます（民事執行法11条）。また、強制管理の申立てについての裁判に対しては、申立てを却下する裁判についても認容する裁判についても執行抗告をすることができます（民事執行法93条5項）。

以上により、Bさんは、担保不動産競売申立てを認容した担保不動産競売開始決定に不服を申し立てることになるので、執行異議を申し立てることになります。

問題解決のコツ

Bさんは執行異議を申し立ててその結論が出るまでの間、担保不動産競売の手続を停止する必要があります。

そこで、Bさんは担保不動産競売の手続を停止する裁判を得て（民事執行法11条2項による10条6項前段の準用）、その裁判の謄本を執行裁判所に提出することにより担保不動産競売の手続を停止してもらうことになります（民事執行法183条1項6号）。

条文

民事執行法10条　（執行抗告）

1　民事執行の手続に関する裁判に対しては、特別の定めがある場合に限り、執行抗告をすることができる。
2　執行抗告は、裁判の告知を受けた日から1週間の不変期間内に、抗告状を原裁判所に提出してしなければならない。
3　抗告状に執行抗告の理由の記載がないときは、抗告人は、抗告状を提出した日から1週間以内に、執行抗告の理由書を原裁判所に提出しなければならない。
4　執行抗告の理由は、最高裁判所規則で定めるところにより記載しなければならない。
5　次の各号に該当するときは、原裁判所は、執行抗告を却下しなければならない。
　1　抗告人が第3項の規定による執行抗告の理由書の提出をしなかつたとき。
　2　執行抗告の理由の記載が明らかに前項の規定に違反しているとき。
　3　執行抗告が不適法であつてその不備を補正することができないことが明らかであるとき。
　4　執行抗告が民事執行の手続を不当に遅延させることを目的としてされたものであるとき。
6　抗告裁判所は、執行抗告についての裁判が効力を生ずるまでの間、担保を立てさせ、若しくは立てさせないで原裁判の執行の停止若しくは民事執行の手続の全部若しくは一部の停止を命じ、又は担保を立てさせてこれらの続行を命ずることができる。事件の記録が原裁判所に存する間は、原裁判所も、これらの処分を命ずることができる。
7　抗告裁判所は、抗告状又は執行抗告の理由書に記載された理由に限り、調査する。ただし、原裁判に影響を及ぼすべき法令の違反又は事実の誤認の有無については、職権で調査することができる。
8　第5項の規定による決定に対しては、執行抗告をすることができる。
9　第6項の規定による決定に対しては、不服を申し立てることができない。
10　民事訴訟法（平成8年法律第109号）第349条の規定は、執行抗告をすることができる裁判が確定した場合について準用する。

民事執行法11条　（執行異議）

1　執行裁判所の執行処分で執行抗告をすることができないものに対しては、執行裁判所に執行異議を申し立てることができる。執行官の執行処分及びその遅怠に対しても、同様とする。
2　前条第6項前段及び第9項の規定は、前項の規定による申立てがあつた場合について準用する。

民事執行法35条　（請求異議の訴え）

1　債務名義（第22条第2号、第3号の2又は第4号に掲げる債務名義で確定前のものを除く。以下この項において同じ。）に係る請求権の存在又は内容について異議のある債務者は、その債務名義による強制執行の不許を求めるために、請求異議の訴えを提起することができる。裁判以外の債務名義の成立について異議のある債務者も、同様とする。
2　確定判決についての異議の事由は、口頭弁論の終結後に生じたものに限る。
3　第33条第2項及び前条第2項の規定は、第1項の訴えについて準用する。

民事執行法45条　(開始決定等)

1　執行裁判所は、強制競売の手続を開始するには、強制競売の開始決定をし、その開始決定において、債権者のために不動産を差し押さえる旨を宣言しなければならない。
2　前項の開始決定は、債務者に送達しなければならない。
3　強制競売の申立てを却下する裁判に対しては、執行抗告をすることができる。

民事執行法93条　(開始決定等)

1　執行裁判所は、強制管理の手続を開始するには、強制管理の開始決定をし、その開始決定において、債権者のために不動産を差し押さえる旨を宣言し、かつ、債務者に対し収益の処分を禁止し、及び債務者が賃貸料の請求権その他の当該不動産の収益に係る給付を求める権利 (以下「給付請求権」という。) を有するときは、債務者に対して当該給付をする義務を負う者 (以下「給付義務者」という。) に対しその給付の目的物を管理人に交付すべき旨を命じなければならない。
2　前項の収益は、後に収穫すべき天然果実及び既に弁済期が到来し、又は後に弁済期が到来すべき法定果実とする。
3　第1項の開始決定は、債務者及び給付義務者に送達しなければならない。
4　給付義務者に対する第1項の開始決定の効力は、開始決定が当該給付義務者に送達された時に生ずる。
5　強制管理の申立てについての裁判に対しては、執行抗告をすることができる。

民事執行法182条　(開始決定に対する執行抗告等)

不動産担保権の実行の開始決定に対する執行抗告又は執行異議の申立てにおいては、債務者又は不動産の所有者 (不動産とみなされるものにあつては、その権利者。以下同じ。) は、担保権の不存在又は消滅を理由とすることができる。

民事執行法183条　(不動産担保権の実行の手続の停止)

1　不動産担保権の実行の手続は、次に掲げる文書の提出があつたときは、停止しなければならない。
　1　担保権のないことを証する確定判決 (確定判決と同一の効力を有するものを含む。次号において同じ。) の謄本
　2　第181条第1項第1号に掲げる裁判若しくはこれと同一の効力を有するものを取り消し、若しくはその効力がないことを宣言し、又は同項第3号に掲げる登記を抹消すべき旨を命ずる確定判決の謄本
　3　担保権の実行をしない旨、その実行の申立てを取り下げる旨又は債権者が担保権によつて担保される債権の弁済を受け、若しくはその債権の弁済の猶予をした旨を記載した裁判上の和解の調書その他の公文書の謄本
　4　担保権の登記の抹消に関する登記事項証明書
　5　不動産担保権の実行の手続の停止及び執行処分の取消しを命ずる旨を記載した裁判の謄本
　6　不動産担保権の実行の手続の一時の停止を命ずる旨を記載した裁判の謄本
　7　担保権の実行を一時禁止する裁判の謄本
2　前項第1号から第5号までに掲げる文書が提出されたときは、執行裁判所は、既にした執行処分をも取り消さなければならない。
3　第12条の規定は、前項の規定による決定については適用しない。

3

4 抵当権の被担保債権額をはるかに上回る価値がある土地？ この土地を買って抵当権も消滅させたい！

抵当権消滅請求

Bさんの土地にA社が抵当権を付けているんだけど、価値があっていい土地なんだ

だったら君がその土地を買ってA社の抵当権も消滅できればいいね

価値がある土地を買って抵当権を消滅させたい！

CさんはBさんが所有している土地が気に入っていて、市場価格を調べたところ価値があることがわかりました。難点はその土地にA社が抵当権を付けていることです。このまま買ってもA社の抵当権には負けてしまいます。

いっそのことこの土地を購入した上でA社の抵当権を消滅させる方法はないでしょうか。

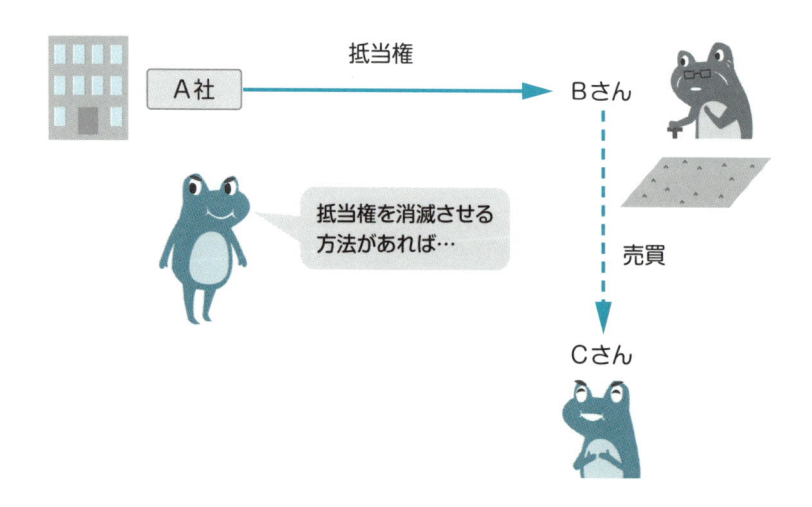

問題のツボ〜抵当権消滅請求

　A社とCさんの立場を考えてみると、A社とすれば抵当権を設定したのは被担保債権を担保するためであり被担保債権の回収ができればA社の立場は保護されます。Cさんとしては、適正な価格で土地を購入して抵当権の負担がない完全な所有権を取得したい願いがあります。

　また、Bさんとしても適正な価格で不動産を売却してA社の被担保債権も消滅すればBさんの立場も保護されます。

　これらの関係者の利益を調整し、又抵当不動産の流通を促進する観点から、平成15年の民法改正により抵当不動産の第三取得者による抵当権消滅請求制度が設けられました（民法379条〜386条）。

問題解決のコツ

　抵当不動産の第三取得者であるCさんが抵当権消滅請求を行うには、まず登記をしている各債権者に対し、債権者がCさんからの通知後2か月以内に抵当権を実行して競売の申立てをしないときにはCさんがBさんに支払う代価又は特に指定した金額を債権の順位に従って弁済又は供託することを記載した書面等を送付します（民法383条）。

　なお、抵当権消滅請求は、抵当権の実行としての競売による差押えの効力が生じる前に行わなければなりません（民法382条）。

　各債権者がCさんの申出に応じない場合には、各債権者はCさんからの送付後2か月以内に抵当権実行としての競売を申し立てなければなりません（民法384条1号）。

　登記をしたすべての債権者がCさんの提供した代価又は特に指定した金額を承諾し、又は承諾したとみなされる場合で（民法384条）、かつ、Cさんがその代価又は特に指定した金額を払い渡し又は供託したときには、抵当権は消滅します（民法386条）。

用語の解説

第三取得者：抵当権の目的物である不動産の所有権を取得した者。

民法379条 （抵当権消滅請求）

抵当不動産の第三取得者は、第383条の定めるところにより、抵当権消滅請求をすることができる。

民法380条

主たる債務者、保証人及びこれらの者の承継人は、抵当権消滅請求をすることができない。

民法381条

抵当不動産の停止条件付第三取得者は、その停止条件の成否が未定である間は、抵当権消滅請求をすることができない。

民法382条 （抵当権消滅請求の時期）

抵当不動産の第三取得者は、抵当権の実行としての競売による差押えの効力が発生する前に、抵当権消滅請求をしなければならない。

民法383条 （抵当権消滅請求の手続）

抵当不動産の第三取得者は、抵当権消滅請求をするときは、登記をした各債権者に対し、次に掲げる書面を送付しなければならない。

1 取得の原因及び年月日、譲渡人及び取得者の氏名及び住所並びに抵当不動産の性質、所在及び代価その他取得者の負担を記載した書面
2 抵当不動産に関する登記事項証明書（現に効力を有する登記事項のすべてを証明したものに限る。）
3 債権者が2箇月以内に抵当権を実行して競売の申立てをしないときは、抵当不動産の第三取得者が第1号に規定する代価又は特に指定した金額を債権の順位に従って弁済し又は供託すべき旨を記載した書面

民法384条 （債権者のみなし承諾）

次に掲げる場合には、前条各号に掲げる書面の送付を受けた債権者は、抵当不動産の第三取得者が同条第3号に掲げる書面に記載したところにより提供した同号の代価又は金額を承諾したものとみなす。

1 その債権者が前条各号に掲げる書面の送付を受けた後2箇月以内に抵当権を実行して競売の申立てをしないとき。
2 その債権者が前号の申立てを取り下げたとき。
3 第1号の申立てを却下する旨の決定が確定したとき。
4 第1号の申立てに基づく競売の手続を取り消す旨の決定（民事執行法第188条において準用する同法第63条第3項若しくは第68条の3第3項の規定又は同法第183条第1項第5号の謄本が提出された場合における同条第2項の規定による決定を除く。）が確定したとき。

民法385条 （競売の申立ての通知）

第383条各号に掲げる書面の送付を受けた債権者は、前条第1号の申立てをするときは、同号の期間内に、債務者及び抵当不動産の譲渡人にその旨を通知しなければならない。

民法386条 （抵当権消滅請求の効果）

登記をしたすべての債権者が抵当不動産の第三取得者の提供した代価又は金額を承諾し、かつ、抵当不動産の第三取得者がその承諾を得た代価又は金額を払い渡し又は供託したときは、抵当権は、消滅する。

Bさんにお金を貸して絵画を質にとったんだけど

Bさんがお金を返さないとどうなるの？

動産に対する担保権の実行は？

3

　AさんはBさんにお金を貸すに際してBさんから絵画を質にとっておきました。その絵画はAさんの家にあるのですが、もしBさんがお金を返さないとその絵画はどうなるのでしょうか。

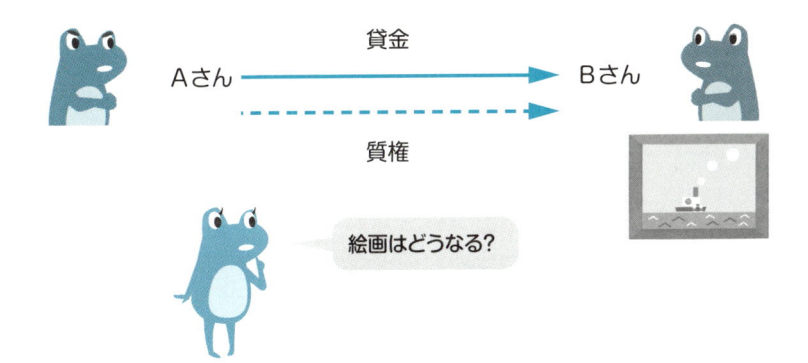

問題のツボ〜動産に対する担保権の実行

　民法が規定する担保物権は、留置権（民法295条〜302条）、先取特権（民法303条〜341条）、質権（民法342条〜366条）、抵当権（民法369条〜398条の22）ですが、このうち動産が担保権の対象物になるのは、留置権（民法295条〜302条）、一般の先取特権（民法306条〜310条）、動産の先取特権（民法311条〜324条）、動産質（民法352条〜355条）です。

　AさんはBさんと金銭消費貸借契約を結び（民法587条）、その貸金債権を被担保債権としてBさんが所有している絵画に動産質を設定して自宅で占有しているわけです。

　このような動産を目的とする担保権の実行としての競売を**動産競売**といい（民事執行法190条）、動産執行に準じて行われます（民事執行法192条）。

問題解決のコツ

　動産に対する担保権の実行についても債務名義（民事執行法22条）は必要ではありません。従って、債務者が被担保債権が消滅したことなど担保権の不存在若しくは消滅などを主張するためには、請求異議の訴え（民事執行法35条）は認められておらず、執行異議が認められています（民事執行法191条）。

用語の解説

動産競売：動産を目的とする担保権の実行としての競売（民事執行法190条）。

条文

民事執行法190条　（動産競売の要件）
1　動産を目的とする担保権の実行としての競売（以下「動産競売」という。）は、次に掲げる場合に限り、開始する。
　1　債権者が執行官に対し当該動産を提出した場合
　2　債権者が執行官に対し当該動産の占有者が差押えを承諾することを証する文書を提出した場合
　3　債権者が執行官に対し次項の許可の決定書の謄本を提出し、かつ、第192条において準用する第123条第2項の規定による捜索に先立つて又はこれと同時に当該許可の決定が債務者に送達された場合
2　執行裁判所は、担保権の存在を証する文書を提出した債権者の申立てがあつたときは、当該担保権についての動産競売の開始を許可することができる。ただし、当該動産が第123条第2項に規定する場所又は容器にない場合は、この限りでない。

3 前項の許可の決定は、債務者に送達しなければならない。

4 第2項の申立てについての裁判に対しては、執行抗告をすることができる。

民事執行法191条 （動産の差押えに対する執行異議）

動産競売に係る差押えに対する執行異議の申立てにおいては、債務者又は動産の所有者は、担保権の不存在若しくは消滅又は担保権によつて担保される債権の一部の消滅を理由とすることができる。

民事執行法192条 （動産執行の規定の準用）

前章第2節第3款（第123条第2項、第128条、第131条及び第132条を除く。）及び第183条の規定は動産競売について、第128条、第131条及び第132条の規定は一般の先取特権の実行としての動産競売について、第123条第2項の規定は第190条第1項第3号に掲げる場合における動産競売について準用する。

3

6 駐車場に抵当権をつけてあるが、駐車料金から回収？

抵当権の物上代位

Bさんにお金を貸してBさんが持っている駅前の駐車場に抵当権をつけてあるんだ

Bさんはその駐車場をC会社と契約してC会社の社員の人が利用しているようだから、駐車料金から回収しちゃえば？

駐車場の駐車料金から回収？

　Aさんは、Bさんにお金を貸すに際してBさんが駅前に所有している駐車場に抵当権を設定してもらいました。

　Bさんはその駐車場の利用についてC会社と利用契約を結び、C会社はその従業員に利用させています。Bさんに毎月の駐車場の利用料金を支払っているのはC会社です。

　AさんがBさんに対する貸金を回収するにはどのような方法があるのでしょうか。

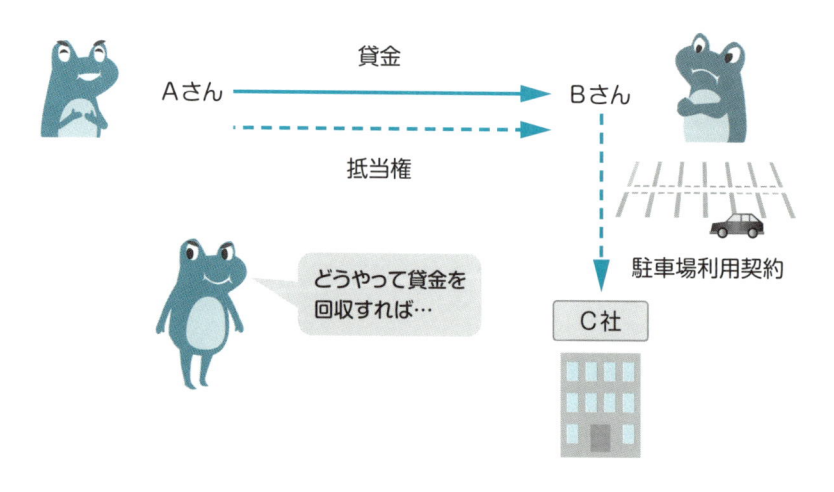

問題のツボ〜抵当権の物上代位

　AさんがBさんに対する貸金を回収するためには、AさんはBさんの駐車場に抵当権を有していますから、不動産担保権の実行として担保不動産競売か担保不動産収益執行を選択することができます（民事執行法180条）。

　担保不動産競売によれば、駐車場が強制競売されるのと同様なことになります（民事執行法188条）。執行裁判所を通じてBさんの駐車場が売り出されるわけで、Aさんが貸金を回収するには時間がかかりますし、他の債権者が配当に参加してくる可能性もあります。

　担保不動産収益執行によれば、駐車場が強制管理されるのと同様なことになります（民事執行法188条）。管理人が選任されて管理人が駐車料金を配当等することになります。Aさんの貸金がかなりの金額でひと月の駐車料金では回収できないような場合には担保不動産収益執行も有力な方法でしょう。

3

問題解決のコツ

　Aさんの貸金がひと月分の駐車料金でまかなえるような場合には、Bさんの駐車場の利用料金債権に対して物上代位する方法も簡易かつ迅速な方法です。

　物上代位とは、先取特権、質権、抵当権などの担保物権の目的物の売却、賃貸、滅失又は損傷などによって債務者が受けるべき金銭その他の物に対して担保物権を行使することができるというものです（民法304条、350条、372条）。

　Aさんが駐車場の利用料金債権に対して物上代位するためには債務名義（民事執行法22条）は必要なく、抵当権の登記に関する登記事項証明書などの抵当権の存在を証する文書を裁判所に提出すれば足ります（民事執行法193条1項）。

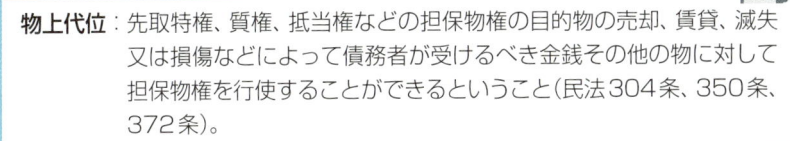

用語の解説

物上代位：先取特権、質権、抵当権などの担保物権の目的物の売却、賃貸、滅失又は損傷などによって債務者が受けるべき金銭その他の物に対して担保物権を行使することができるということ（民法304条、350条、372条）。

民法304条 （物上代位）

1 先取特権は、その目的物の売却、賃貸、滅失又は損傷によって債務者が受けるべき金銭その他の物に対しても、行使することができる。ただし、先取特権者は、その払渡し又は引渡しの前に差押えをしなければならない。

2 債務者が先取特権の目的物につき設定した物権の対価についても、前項と同様とする。

民法372条 （留置権等の規定の準用）

第296条、第304条及び第351条の規定は、抵当権について準用する。

民事執行法193条 （債権及びその他の財産権についての担保権の実行の要件等）

1 第143条に規定する債権及び第167条第1項に規定する財産権（以下この項において「その他の財産権」という。）を目的とする担保権の実行は、担保権の存在を証する文書（権利の移転について登記等を要するその他の財産権を目的とする担保権で一般の先取特権以外のものについては、第181条第1項第1号から第3号まで、第2項又は第3項に規定する文書）が提出されたときに限り、開始する。担保権を有する者が目的物の売却、賃貸、滅失若しくは損傷又は目的物に対する物権の設定若しくは土地収用法（昭和26年法律第219号）による収用その他の行政処分により債務者が受けるべき金銭その他の物に対して民法その他の法律の規定によつてするその権利の行使についても、同様とする。

2 前章第2節第4款第1目（第146条第2項、第152条及び第153条を除く。）及び第182条から第184条までの規定は前項に規定する担保権の実行及び行使について、第146条第2項、第152条及び第153条の規定は前項に規定する一般の先取特権の実行及び行使について準用する。

【担保権の実行としての競売等】

7 共有しているマンションの一室を売りたい！どうすれば？

形式的競売

B子さんはA男さんと離婚して、その後財産分与でA男さん名義のマンションに2分の1の持分を取得したんだけど、そのマンションを売りたいらしいよ

A男さんが反対していても売れるの？

共有しているマンションを売りたい

　B子さんはA男さんと婚姻したのですが、その後離婚しました。婚姻中にA男さんはマンションの一室を購入してA男さん名義に登記もしていたのですが、B子さんはそのマンションの一室の頭金の一部を出しているし、その他の協力もしているからと離婚後に財産分与の審判を申し立てました。

　審判の結果B子さんはそのマンションの一室に2分の1の持分を取得することになりました。

　B子さんとしてはそのマンションの一室を売ってお金にしたいのですが、A男さんが反対してもできるのでしょうか。

マンション

A男さん　　　　A男さんとB子さんが共有

B子さん

共有しているA男さんが反対している……どうなる？

3

203

問題のツボ〜共有物の売却

夫婦が婚姻中に取得した財産であって配偶者がその取得に協力している場合には、その配偶者は離婚に際して財産分与を請求することができます（民法768条）。

B子さんは、A男さんと離婚した後に財産分与の審判を申し立てて（家事事件手続法150条5号、同別表第二の4項）、その結果そのマンションの一室の持分2分の1が認められたわけです。

その結果そのマンションの一室はA男さんとB子さんが持分2分の1ずつで共有することになりました。

B子さんがそのマンションの一室を売却するためには共有者であるA男さんの同意が必要です（民法251条）。

問題解決のコツ

それではA男さんが売却に同意しない場合には、B子さんはどうすればよいでしょうか？

この場合にはB子さんは共有物分割の訴訟を提起することになります（民法258条1項）。この場合裁判所は、共有物の現物を分割することができないとき、又は分割によってその価格を著しく減少させるおそれがあるときには、競売を命じることができます（民法258条2項）。

そして、B子さんはこの競売を命じる判決に基づいて執行裁判所に競売を申し立てます（民事執行法195条）。これが**形式的競売**です。

執行裁判所は担保権の実行としての競売に準じてマンションを売却し、代金を持分に応じてA男さんとB子さんに配当することになります。

条文

民法251条　（共有物の変更）

　各共有者は、他の共有者の同意を得なければ、共有物に変更を加えることができない。

民法258条　（裁判による共有物の分割）

1　共有物の分割について共有者間に協議が調わないときは、その分割を裁判所に請求することができる。

2　前項の場合において、共有物の現物を分割することができないとき、又は分割によってその価格を著しく減少させるおそれがあるときは、裁判所は、その競売を命ずることができる。

民法768条　（財産分与）

1　協議上の離婚をした者の一方は、相手方に対して財産の分与を請求することができる。

2　前項の規定による財産の分与について、当事者間に協議が調わないとき、又は協議をすることができないときは、当事者は、家庭裁判所に対して協議に代わる処分を請求することができる。ただし、離婚の時から2年を経過したときは、この限りでない。

3　前項の場合には、家庭裁判所は、当事者双方がその協力によって得た財産の額その他一切の事情を考慮して、分与をさせるべきかどうか並びに分与の額及び方法を定める。

家事事件手続法150条　（管轄）

次の各号に掲げる審判事件は、当該各号に定める地を管轄する家庭裁判所の管轄に属する。

1　夫婦間の協力扶助に関する処分の審判事件（別表第2の1の項の事項についての審判事件をいう。次条第1号において同じ。）　夫又は妻の住所地

2　夫婦財産契約による財産の管理者の変更等の審判事件（別表第1の58の項の事項についての審判事件をいう。）　　夫又は妻の住所地

3　婚姻費用の分担に関する処分の審判事件（別表第2の2の項の事項についての審判事件をいう。）　夫又は妻の住所地

4　子の監護に関する処分の審判事件（別表第2の3の項の事項についての審判事件をいう。次条第2号において同じ。）　子（父又は母を同じくする数人の子についての申立てに係るものにあっては、そのうちの一人）の住所地

5　財産の分与に関する処分の審判事件（別表第2の4の項の事項についての審判事件をいう。）　　夫又は妻であった者の住所地

6　離婚等の場合における祭具等の所有権の承継者の指定の審判事件（別表第2の5の項の事項についての審判事件をいう。）　　所有者の住所地

民事執行法195条　（留置権による競売及び民法、商法その他の法律の規定による換価のための競売）

留置権による競売及び民法、商法その他の法律の規定による換価のための競売については、担保権の実行としての競売の例による。

3

第4章 債務者の財産を明らかに
～財産開示手続～

【財産開示手続】

1 債務者の財産を
明らかにさせたい

財産開示手続

Bさんに強制執行したいんだけど、どんな財産をもっているのかわからない

Bさんの財産を明らかにする方法はないのかな？

債務者の財産を明らかにさせたい

　AさんはBさんに対して強制執行したいのですが、Bさんがどのような財産を所有しているのかわかりません。

　Bさんの財産を明らかにする方法はあるのでしょうか？

Bさんにはどんな財産がある？

問題のツボ～財産開示手続

　強制執行の準備として債務者の財産を明らかにするために、平成15年の民事執行法の改正により財産開示手続が認められました（民事執行法196条～203条、206条）。

　執行裁判所が財産開示手続実施決定を下しその決定が確定すると、財産開示期日が開かれます。

　財産開示期日は非公開ですが（民事執行法199条6項）、債務者は自己の財産について財産目録を作成し、この財産目録を財産開示期日の前に執行裁判所に提出しなければなりません（民事執行規則183条）。

　債務者は、財産開示期日に出頭し、陳述し、質問に答える義務があります（民事執行法199条1項～4項）。執行裁判所及び執行裁判所の許可を受けた財産開示手続の申立人は、債務者に対して質問することができます（民事執行法199条3項、4項）。

問題解決のコツ

　財産開示手続の申立てをすることができる者は限定されており、①執行力のある債務名義の正本を有する金銭債権の債権者（ただし、民事執行法22条2号、3号の2、4号、5号、確定判決と同一の効力を有する支払督促を有する者は除かれます）で過去6か月以内になされた強制執行又は担保権の実行の配当等で完全な弁済を得ることができなかった者等（民事執行法197条1項）と、②一般の先取特権を有することを証する文書を提出した債権者で過去6か月以内になされた強制執行又は担保権の実行の配当等で完全な弁済を得ることができなかった者等です（民事執行法197条2項）。

　また、債務者が正当な理由がなく財産開示期日に出頭せず、陳述しなかった場合などのペナルティは30万円以下の過料となっています（民事執行法206条）。

　これらの事情のためか財産開示手続の申立ては少ないようです。

> **条文**
>
> **民事執行法196条**　（管轄）
> 　この章の規定による債務者の財産の開示に関する手続（以下「財産開示手続」という。）については、債務者の普通裁判籍の所在地を管轄する地方裁判所が、執行裁判所として管轄する。
>
> **民事執行法197条**　（実施決定）
> 　1　執行裁判所は、次のいずれかに該当するときは、執行力のある債務名義の正本（債

4

務名義が第22条第2号、第3号の2、第4号若しくは第5号に掲げるもの又は確定判決と同一の効力を有する支払督促であるものを除く。）を有する金銭債権の債権者の申立てにより、債務者について、財産開示手続を実施する旨の決定をしなければならない。ただし、当該執行力のある債務名義の正本に基づく強制執行を開始することができないときは、この限りでない。

1 強制執行又は担保権の実行における配当等の手続（申立ての日より6月以上前に終了したものを除く。）において、申立人が当該金銭債権の完全な弁済を得ることができなかつたとき。

2 知れている財産に対する強制執行を実施しても、申立人が当該金銭債権の完全な弁済を得られないことの疎明があつたとき。

2 執行裁判所は、次のいずれかに該当するときは、債務者の財産について一般の先取特権を有することを証する文書を提出した債権者の申立てにより、当該債務者について、財産開示手続を実施する旨の決定をしなければならない。

1 強制執行又は担保権の実行における配当等の手続（申立ての日より6月以上前に終了したものを除く。）において、申立人が当該先取特権の被担保債権の完全な弁済を得ることができなかつたとき。

2 知れている財産に対する担保権の実行を実施しても、申立人が前号の被担保債権の完全な弁済を得られないことの疎明があつたとき。

3 前2項の規定にかかわらず、債務者（債務者に法定代理人がある場合にあつては当該法定代理人、債務者が法人である場合にあつてはその代表者。第1号において同じ。）が前2項の申立ての日前3年以内に財産開示期日（財産を開示すべき期日をいう。以下同じ。）においてその財産について陳述をしたものであるときは、財産開示手続を実施する旨の決定をすることができない。ただし、次に掲げる事由のいずれかがある場合は、この限りでない。

1 債務者が当該財産開示期日において一部の財産を開示しなかつたとき。

2 債務者が当該財産開示期日の後に新たに財産を取得したとき。

3 当該財産開示期日の後に債務者と使用者との雇用関係が終了したとき。

4 第1項又は第2項の決定がされたときは、当該決定（第2項の決定にあつては、当該決定及び同項の文書の写し）を債務者に送達しなければならない。

5 第1項又は第2項の申立てについての裁判に対しては、執行抗告をすることができる。

6 第1項又は第2項の決定は、確定しなければその効力を生じない。

民事執行法199条 （財産開示期日）

1 開示義務者（前条第2項第2号に掲げる者をいう。以下同じ。）は、財産開示期日に出頭し、債務者の財産（第131条第1号又は第2号に掲げる動産を除く。）について陳述しなければならない。

2 前項の陳述においては、陳述の対象となる財産について、第2章第2節の規定による強制執行又は前章の規定による担保権の実行の申立てをするのに必要となる事項その他申立人に開示する必要があるものとして最高裁判所規則で定める事項を明示しなければならない。

3 執行裁判所は、財産開示期日において、開示義務者に対し質問を発することができる。

4 申立人は、財産開示期日に出頭し、債務者の財産の状況を明らかにするため、執行裁判所の許可を得て開示義務者に対し質問を発することができる。

5 執行裁判所は、申立人が出頭しないときであつても、財産開示期日における手続を実施することができる。

6 財産開示期日における手続は、公開しない。

7 民事訴訟法第195条及び第206条の規定は前各項の規定による手続について、同法第201条第1項及び第2項の規定は開示義務者について準用する。

民事執行法206条 　(過料に処すべき場合)

1 次の各号に掲げる場合には、30万円以下の過料に処する。

  1 開示義務者が、正当な理由なく、執行裁判所の呼出しを受けた財産開示期日に出頭せず、又は当該財産開示期日において宣誓を拒んだとき。

  2 財産開示期日において宣誓した開示義務者が、正当な理由なく第199条第1項から第4項までの規定により陳述すべき事項について陳述をせず、又は虚偽の陳述をしたとき。

2 第202条の規定に違反して、同条の情報を同条に規定する目的以外の目的のために利用し、又は提供した者は、30万円以下の過料に処する。

民事執行規則183条 　(財産目録)

1 執行裁判所は、法第198条第1項の規定により財産開示期日を指定するときは、当該財産開示期日以前の日を法第199条第1項に規定する開示義務者が財産目録を執行裁判所に提出すべき期限として定め、これを当該開示義務者に通知しなければならない。

2 前項の開示義務者は、財産開示期日における陳述の対象となる債務者の財産を、財産目録に記載しなければならない。この場合においては、法第199条第2項の規定を準用する。

3 第1項の開示義務者は、同項の期限までに、執行裁判所に財産目録を提出しなければならない。

4

用語の解説

【あ】

明渡し：目的物の中にある物を取り払って目的物の占有を移転すること。

一括競売：抵当権の設定後に抵当地に建物が築造されたときに、抵当権者が土地とともにその建物を競売すること（民法389条）。

一括売却：相互の利用上不動産を他の不動産と一括して同一の買受人に買受させることが相当であると認めるときに、これらの不動産を一括して売却すること（民事執行法61条）。

【か】

買受可能価額：売却可能価額からその10分の2に相当する額を控除した価額（民事執行法60条3項）。

買受人：売却許可決定が確定した最高価買受申出人。

確定判決：確定した判決のこと。

仮執行宣言：確定していない判決に判決の内容を実現する効力を与える宣言（民事訴訟法259条1項）。

換価：強制競売の対象になっている不動産を売却してその売却代金を執行裁判所に納付させること。

間接強制：債務者に金銭の支払いを命じて債務の履行を心理的に強制して債務を実現させようとする強制執行（民事執行法172条）。

給付義務者：債務者に対して給付義務を負う者（民事執行法93条1項）。

強制管理：不動産執行のうち不動産の収益から債権の回収を図る強制執行手続（民事執行法43条1項、93条以下）。

強制競売：目的不動産を差押さえて換価（売却）し、その代金をもって債権者に配当等する手続。

強制執行：請求権を実現する手段。

強制執行の停止：法律上の理由により強制執行が進まなくなること（民事執行法39条）。

強制執行の取消し：すでにした執行処分を取り消すこと（民事執行法40条）。

金銭債権：金銭の支払いを目的とする債権。

金銭執行：金銭の支払いを目的とする債権を実現する強制執行。

形式的競売：民法、商法その他の法律の規定による換価のための競売（民事執行法195条）。

現況調査報告書：執行裁判所の現況調査命令に基づいて執行官が作成する不動産の形状、占有関係その他の現況についての報告書（民事執行規則29条）。

現況調査命令：執行裁判所が不動産の形状、占有関係その他の現況について調査するように執行官に命じる命令（民事執行法57条1項）。

個別執行：特定の債権者が債務者の特定の財産を対象にして行われる執行手続。

債権執行：金銭債権を回収するために債務者の金銭の支払い又は船舶若しくは動産の引渡しを目的とする債権に対してなされる強制執行（民事執行法143条〜166条）。

債権者：民事執行の申立てを行う権利者のこと。

最高価買受申出人：買受可能価額を超え（民事執行法60条3項）かつ最高価での入札者。

債務者：民事執行の申立てを受ける義務者のこと。

債務名義：強制執行をするために必要な文書として民事執行法22条に規定されているもの。

作為義務：作為（〜する）を内容とする義務。

差押え：差押え対象物の処分を禁止する裁判所の命令。

執行異議：執行裁判所の執行処分で執行抗告をすることができないもの、又は、執行官の処分及び遅怠に対して行うことができる不服申立て（民事執行法11条）。

執行官：執行手続きを行う国家公務員。

執行抗告：民事執行の手続に関する裁判に対して、特別の定めがある場合に限り認められている執行裁判所の上級裁判所に対する不服申立て（民事執行法10条）。

執行証書：金銭の一定額の支払い又はその他の代替物若しくは有価証券の一定の数量の給付を目的とする請求について公証人が作成した公正証書であり、債務者が直ちに強制執行に服する旨の陳述が記載されているもの（民事執行法22条5号）。

執行費用：強制執行の費用で必要なもの（民事執行法42条1項）。

執行文：強制執行を実施するために債務名義の正本に付する文書。

承継執行文：債務名義に表示された当事者以外の者を債権者又は債務者とする場合に、その者に対し、又はその者のために強制執行をすることが裁判所書記官若しくは公証人に明白であるとき、又は債権者がそのことを証する文書を提出したときに限り付される執行文（民事執行法27条2項）。

条件成就執行文：債務名義に表示されている請求権が例えば不確定期限付きである場合など、請求が債権者の証明すべき事実の到来に係る場合に、債権者がその事実の到来したことを証する文書を提出したときに限り付される執行文（民事執行法27条1項）。

消除主義：不動産についている担保権や用益物権などの負担を買受人が引き継がないという考え。

自力救済の禁止：自分で自分の権利を実現することは、原則として禁止されるということ。

請求異議の訴え：債務名義に係る請求権の存在又は内容について異議のある債務者又は裁判以外の債務名義の成立に

ついて異議のある債務者が、強制執行の不許を求めて提起する訴訟（民事執行法35条1項）。

【た】

退去：立ち去ること。

第三債務者：差し押さえるべき債権の債務者のこと（民事執行法44条2項）。

第三者異議の訴え：強制執行の目的物について所有権その他目的物の譲渡又は引渡しを妨げる権利を有する第三者が債権者に対して強制執行の不許を求める訴え（民事執行法38条1項）。

代替執行：債務者の費用によって、作為を実現する権限を債権者に与え（授権決定）、授権決定によって債務者以外の者が作為を実施すること（民事執行法171条）。

代替的作為債務：債務の内容が作為を目的とするものであり、しかも第三者が行うことが可能な債務。

担保不動産競売：競売による不動産担保権の実行（民事執行法180条1号）。

担保不動産収益執行：不動産から生じる収益を被担保債権の弁済に充てる方法による不動産担保権の実行（民事執行法180条2号）。

手続費用：執行費用のうちで共益費用であるもの（民事執行法63条1項1号）。

抵当権消滅請求：抵当不動産の第三取得者が抵当権の消滅を請求すること（民法379条〜386条）。

転付命令：差押債権者の申立てにより、差押債権者の債権の支払いに代えて、差し押さえられた金銭債権をその券面額で差押債権者に転付する命令（民事執行法159条1項）。

動産競売：動産を目的とする担保権の実行としての競売（民事執行法190条）。

動産執行：金銭の支払いを目的とする債権について債務者の動産に対して行われる強制執行（民事執行法122条〜142条）。

取立訴訟：債権執行を申し立てた債権者が第三債務者に対して提起する訴訟（民事執行法157条）。

【な】

内覧：不動産の買受けを希望する者をこれに立ち入らせて見学させること。

二重開始決定：強制競売又は担保権の実行としての競売の開始決定がなされた不動産に対して強制競売の申立てがあったときになされる強制競売の開始決定（民事執行法47条1項）。

【は】

配当：債権者が二人以上であって売却代金ですべての債権者の債権と執行費用を弁済することができない場合に売却代金を分配する手続（民事執行法84条1項）。

配当等：弁済金の交付と配当を合せたもの（民事執行法84条3項）。

売却基準価額：執行裁判所が定めた不動産の売却額の基準となるべき価額（民

事執行法60条1項)。

売却のための保全処分：債務者又は不動産の占有者が価格減少行為をするときに、差押債権者の申立てに基づき、買受人が代金を納付するまでの間、価格減少行為を禁止することなどを内容とする保全処分 (民事執行法55条)。

判決の確定：判決に対して当事者に通常認められている不服申立て手段が尽きること。

引受主義：不動産についている担保権や用益物権などの負担を買受人が引き継ぐという考え。

引渡し：占有を移転すること。

引渡命令：代金を納付した買受人の申立てに基づく債務者又は不動産の占有者に対する買受人への不動産引渡命令 (民事執行法83条1項)。

非金銭債権：金銭債権以外の債権 (＝金銭の支払いを目的としない債権)。

非金銭執行：金銭の支払いを目的としない請求権を実現する手続。

評価書：評価命令に基づいて評価人が不動産を評価した書面 (民事執行規則30条)。

評価人：不動産の評価を行うために執行裁判所から選任された者。

評価命令：不動産の価額を評価するために評価人に対してくだされる執行裁判所の命令 (民事執行法58条1項)。

不作為義務：不作為 (～しない) を内容とする義務。

不代替的作為債務：作為を内容とする債務であり、しかも債務者以外の第三者が履行することはできないもの。

物件明細書：不動産の権利関係を明らかにするために裁判所書記官が作成する書面 (民事執行法62条)。

物上代位：先取特権、質権、抵当権などの担保物権の目的物の売却、賃貸、滅失又は損傷などによって債務者が受けるべき金銭その他の物に対して担保物権を行使することができるということ (民法304条、350条、372条)。

不動産執行：金銭執行のうちで債務者の特定の不動産に対して行われる強制執行。

不動産担保権：不動産を目的とする担保権 (民事執行法180条)。

弁済金の交付：債権者が一人の場合、又は、債権者が二人以上であって売却代金ですべての債権者の債権と執行費用を弁済することができる場合に売却代金を交付すること (民事執行法84条2項)。

包括執行：債務者のすべての債権者のために債務者のすべての財産を対象にして行われる倒産手続。

法定地上権：土地及びその上にある建物が債務者の所有である場合で、その土地又は建物の差押えがあり、その売却により所有者を異にするに至ったときにその建物について設定されたとみなされる地上権 (民事執行法81条)。

民事執行：①強制執行、②担保権の実行
としての競売、③民法、商法その他の法
律の規定による換価のための競売、④
債務者の財産の開示の総称。

優先債権：差押債権者の債権に優先する
債権のこと（民事執行法63条1項1号）。

おわりに

「はじめに」でも書きましたが、法律の学習は、

①**基本用語**
②**基本的な条文**
③**基本的な手続の流れ**

をつかむことが重要です。
　この用語、条文、手続をしっかり把握することが法律をマスターするコツです。

　民事執行法は、債務者が任意に債務を履行しない場合に強制的に権利を実現する手続に関する法律です。民事執行法を理解するためには、債権者が実現しようとしている債権者の債権はどのような債権なのか、債務者のどのような財産が民事執行の対象になっているのかを把握しながら勉強されると理解が進むと思います。

　民法などの実体法のどのような権利が民事執行法で問題になっているのか、民事執行法で権利を実現するためにはどのような訴訟を提起すべきなのか、訴状の請求の趣旨はどのように記載すべきなのか、和解する場合にもし相手が任意に履行しないときにもその和解条項で強制執行することができるのか、などの観点を持ちながら勉強されれば、民法、民事訴訟法、民事執行法を有機的にかつ体系的に理解できるでしょう。

石川　正樹

民事執行の申立書等の書式については、東京地方裁判所民事執行センターのホームページ等をご参照ください。

索引

● 著者略歴

ウイズダム法律事務所
弁護士・弁理士

石川 正樹（いしかわ　まさき）

埼玉県川越市に生まれる。早稲田大学（政治経済学部）卒業。
パートナーの弁理士とともに特許、商標、意匠、著作権、
不正競争防止法などの知的財産権のほか、交通事故、遺産
分割、その他の民事事件を主に扱う。「依頼者の方とともに
歩む」、「難しいことをわかりやすく」がモットー。
著書に「民法のツボとコツがゼッタイにわかる本」「民事訴
訟法のツボとコツがゼッタイにわかる本」（当社刊）がある。

● ホームページ
http://www.wisdom-law.com

カバーデザイン・イラスト　mammoth.

民事執行法のツボとコツが
ゼッタイにわかる本

発行日	2016年 8月 5日	第1版第1刷

著　者　石川　正樹

発行者　斉藤　和邦
発行所　株式会社　秀和システム
　　　　〒104-0045
　　　　東京都中央区築地2丁目1-17　陽光築地ビル4階
　　　　Tel 03-6264-3105（販売）Fax 03-6264-3094
印刷所　三松堂印刷株式会社　　　　Printed in Japan

ISBN978-4-7980-4735-5 C0032